पुरखों की सीख

पुरखों की सीख

जगराम जी

GenNext Publication

भारत में सन् 2023 में प्रकाशित

जेन्नेकस्ट पब्लिकेशन
5, अंसारी रोड, दरियागंज,
नई दिल्ली-110002
ई-मेल: gennextpublication@hotmail.com

Distribution Network
gyanbooks.com
India, USA, Canada, UK, Australia, France

पुरखों की सीख

ISBN: 978-93-5663-058-1

मुद्रित: ज्ञान प्रेस, दिल्ली

आभार

सांस्कृतिक विकास एक ऐतिहासिक प्रक्रिया है। हमारे पूर्वजों ने बहुत सी बातें अपने पुरखों से सीखी है। समय के साथ उन्होंने अपने अनुभवों से उसमें और वृद्धि की। जो अनावश्यक था, उसको उन्होंने छोड़ दिया। हमने भी अपने पूर्वजों से बहुत कुछ सीखा। जैसे-जैसे समय बीतता है, हम उनमें नए विचार, नई भावनाएँ जोड़ते चले जाते हैं और इसी प्रकार जो हम उपयोगी नहीं समझते उसे छोड़ते जाते हैं। इस प्रकार संस्कृति कि विरासत एक पीढ़ी से दूसरी पीढ़ी तक हस्तान्तरिक होती जाती है। जो संस्कृति हम अपने पूर्वजों से प्राप्त करते हैं उसे सांस्कृतिक विरासत कहते हैं। यह विरासत कई स्तरों पर विद्यमान होती है। मानवता ने सम्पूर्ण रूप में जिस संस्कृति को विरासत के रूप में अपनाया उसे 'मानवता की विरासत' कहते हैं। एक राष्ट्र भी संस्कृति को विरासत के रूप में प्राप्त करता है जिसे 'राष्ट्रीय सांस्कृतिक विरासत' कहते हैं। सांस्कृतिक विरासत में वे सभी पक्ष या मूल्य सम्मिलित हैं जो मनुष्यों को पीढ़ी दर पीढ़ी अपने पूर्वजों से प्राप्त हुए हैं। वे मूल्य पूजे जाते हैं, संरक्षित किए जाते हैं और अटूट निरन्तरता से सुरक्षित रखे जाते हैं और आने वाली पीढ़ियाँ इस पर गर्व करती हैं।

संस्कृति सीखी जाती है और प्राप्त की जाती है, अर्थात् मानव के द्वारा संस्कृति को प्राप्त किया जाता है इस अर्थ में कि कुछ निश्चित व्यवहार हैं जो जन्म से या अनुवांशिकता से प्राप्त होते हैं, व्यक्ति कुछ गुण अपने माता-पिता से प्राप्त करता है लेकिन सामाजिक-सांस्कृतिक व्यवहारों को पूर्वजों से प्राप्त नहीं करता हैं। वे पारिवारिक सदस्यों से सीखे जाते हैं, इन्हें वे समूह से और समाज से जिसमें वे रहते हैं उनसे सीखते हैं। यह स्पष्ट है कि मानव की संस्कृति शारीरिक और सामाजिक वातावरण से प्रभावित होती है। जिनके माध्यम से वे कार्य करते हैं।

किसी देश की संस्कृति उसकी सम्पूर्ण मानसिक निधि को सूचित करती है। यह किसी खास व्यक्ति के पुरुषार्थ का फल नहीं, अपितु असंख्य ज्ञात तथा अज्ञात व्यक्तियों के भगीरथ प्रयत्न का परिणाम होती है। सब व्यक्ति अपनी सामर्थ्य और योग्यता के अनुसार संस्कृति के निर्माण में सहयोग देते हैं। और कालांतर में विरासत के रूप में आने वाली पीढ़ियों के लिए पगडड्डी स्वरुप पगडड्डी छोड़ जाते हैं। जिस पर चलकर कोटिक भावी संतानें पूर्वजों से प्रदत्त मान्यताओं रुपी अपेक्षाओं को अपने जीवन में आचरण में लाकर विरासत को और अधिक गौरवान्वित करते हैं जो जीवन के हर मोड़ पर मील के पत्थर यथा–भाषा, भूषा, भोजन, भवन, भजन, भ्रमण आदि जैसे साबित होकर निरंतर पथ प्रशस्त करते हैं और भावी संतानों को मृत्युंजयी होने का आशीष भी प्रदान करते हैं। ऐसी ही महान [पुरखों की सीख] को जन मानस के अन्तः तक पहुँचने के लिए [पुरखों की सीख] रुपी शब्धार में पिरोने में मेरे अनन्य विद्वान, चिन्तक, मार्गदर्शक साथियों सहित प्रकाशक, शुधिपाठक गण आदि के सहयोग, मार्गदर्शन हेतु आभार, साथ ही मुझे विश्वास भी है कि यह शब्द रुपी–सुमन राष्ट्रीयत्व के प्रबल प्रवाह को और अधिक गतिमान करने में सहायक सिद्ध होगा इसी आशा, अपेक्षा के साथ।

/// **धन्यवाद** /// भवदीय

–जगराम सिंह

प्रशस्ति

संस्कृति एक पीढ़ी से दूसरी पीढ़ी में हस्तांतरण होती रहती है जो संस्कृति हमें अपने पूर्वजों से प्राप्त होती हैं, उसे सांस्कृतिक विरासत कहते हैं। यह विरासत कई स्तरों पर विद्यमान होती है। मानवता ने सम्पूर्ण रूप में जिस संस्कृति को विरासत के रूप में अपनाया उसे 'मानवता की विरासत' भी कहते हैं।

साँस्कृतिक विरासत या धरोहर, मानव मूल्यों को संजोने के लिए एक ऐसा सद्गुणों का समूह है, जिसे मानव अपने संस्कारों तथा आचार-विचार के माध्यम से अपनाकर अपने निर्धारित लक्ष्यों की प्राप्ति हेतु अपनी जीवन-शैली का निर्माण करता है साथ ही अपने व्यक्तित्व का भी विकास करता है।

आज के इस चमत्कारिक युग में मनुष्य के जनजीवन में व्याप्त अशांति एवं आक्रोश भी मानव मूल्य की उपेक्षा का ही दुष्परिणाम है। सभ्यताओं के नैतिक सिद्धांत ने हमें व्यक्ति की मर्यादा एवं स्वतंत्रता का आभास तो कराया, लेकिन मनुष्य जीवन के पहलुओं से अपरिचित जैसा व्यवहार किया है। महाभारत के एक श्लोक में कहा गया है, कि इस धरती पर मनुष्य से बढ़कर कुछ भी नहीं है।

जिन नियमों और आदर्शों के अनुसार मनुष्य संसार की शोभा बनता है, उसकी आधारशिला यथा- भाषा, भूषा, भोजन, भजन, भ्रमण, भवन आदि बोली, पहनावा, सत्संग, आहार, विहार, तथा व्यवहार इत्यादि कहा जा सकता है। संपूर्ण संस्कृति अर्थात संस्कार इन्हीं उपर्युक्त आधारभूत स्तंभों पर टिकी हुई है जो नैतिकता के प्रत्येक बिन्दु पर खरी उतरती है तथा सहयोग, सहृदय, दया भाव आदि से एक-दूसरे से जोड़े रखती है। जिनकी विशेषता पूर्णतः व्यवस्थित तथा वैज्ञानिक है। पहली पहचान हमारी भाषा है जो प्रथम रचना

के रूप में अष्टाध्यायी महर्षि पाणिनी की एक ऐसी रचना, जिसका अध्ययन मानव के लिए बहुत महत्वपूर्ण है, क्योंकि भाषा की पकड़ उसके व्याकरण पर निर्भर करती है, तभी भाषा का स्फुटन पूर्णतः भली-भांति किया जा सकता है। मनुष्य जब संकट में होता है, तो मात्र भाषा में ही अपने सगे संबंधियों को सहायता के लिए पुकारता है। हमारी सभी बोले जाने वाली भाषाओं को हम मात्र भाषा मानते हैं, मातृभाषा में अपनी अक्षय धरोहर को हम सजोकर रखते तथा दूसरी पहचान हमारी भूषा है कहावत है, कि जैसा देश वैसा वेश यह निर्भर करता है, आप कहाँ पर है, क्योंकि यह कहीं नही लिखा है कि किन-किन क्षेत्रों में हमारी भूषा कैसी होनी चाहिए। आपके पास से यदि भूषा समाप्त हो गयी तो समझ लें, सब कुछ चला गया है। धन-दौलत तो पुनः प्राप्त कर लेंगे। लेकिन पहचान दुबारा पाना पूर्णतः असंभव होगा।

तीसरी पहचान हमारा भोजन है, इसलिए कहा जाता है, कि सात्विक भोजन करना चाहिए, जैसे भोजन का प्रभाव पड़ता है, ठीक उसी प्रकार हमारी बुद्धि भी कार्य करती है। हमारे ऋषि, महर्षि-काम-क्रोध-लोभ-मोह-मद-मत्सर आदि से परे होते थे। उनकी इन्द्रियां वश में होती थीं, वे जितेन्द्रिय कहे जाते थे। भोजन को उस सेवा के रूप में माना जाता है, जो अलग एक अन्य सुखद आनंद उपलब्ध कराता है। अर्थात जैसा होगा अन्न वैसा होगा तन और मन। सच में यही इसकी वैज्ञानिकता है। चौथी पहचान हमारा भजन है। कहा जाता है कि जिसका स्मरण अनवरत किया जाये वही स्वप्न में आने लगता है वही आगे चलकर संस्कार बन जाता है यही संस्कार हमारी नसों में रक्त की एक एक बूँद बनकर प्रवाहित होने लगता है जो हमारी सांस्कृतिक धरोहर को सुपुष्ट करती है पांचवीं पहचान हम भ्रमण है जब व्यक्तितीर्थ तीर्थाटन के रूप में भ्रमण करता है तब उसे अपने राष्ट्र को, जानना, समझना, मानना, पहचानना आदि से अवगत होता है जिससे उसके हृदय में, राष्ट्र-भक्ति, समाज-भक्ति, संस्कृति-भक्ति, धर्म-भक्ति, जन-भक्ति से अटूट प्रेम एवं लगाव बढ़ता है। छठवीं पहचान हमारा भवन है भारतीय संस्कृति में भवनों का भी सामूहिकता निर्माण करने में विशेष योगदान रहा है हमारी भवन सभ्यता प्रेम, आत्मीयता, सम्बन्ध, सहयोग, समर्पण आदि श्रेष्ठ गुणों के निर्माण में अतुलनीय योगदान निभाया है।

मानव की भौतिक उन्नति के अनेकों पहलुओं में उपर्युक्त पहचान के आधारभूतमान-बिन्दुओं का सांस्कृतिक, सामाजिक और राष्ट्रीय महत्व है। जो व्यक्ति को सर्वस्व जीवन जीने में अत्यंत सहायक सिद्ध होता है और मानव जीवन को सूर्य की भांति आलोकित रहने में अतीव समर्थ भूमिका निभाता है

श्री जगराम भाई जी की छवि आम तौर पर एक धीर-गंभीर विचारक, लेखक, प्रखर वक्ता और आध्यात्मिक पुरुष की है। यह पुरखों की सीख निश्चित ही भावी पीढ़ी के लिए बहुत ही उपयोगी सिद्ध होगी। यह कृति भाई जी के अपने स्वयं के गहन अनुभवों, प्रयोगों तथा सामाजिक परिस्थितियों पर व्यावहारिक प्रत्यक्ष अध्ययन के बाद लिखी गई है। यह निश्चित रूप में हमारे अंदर के ज्ञान और हमारे नैतिक मूल्यों को बढ़ावा देगी। शुभकामना--------

डॉ सुधीर कुमार सिंह,

प्रोफेसर (पादप रोग विज्ञान)

प्राकृतिक एवं जैविक खेती केंद्र,

शेर-ए-कश्मीर कृषि एवं प्रौद्योगिकी विश्वविद्यालय,

जम्मू,कश्मीर

अनुक्रमिणिका

पुरखों की सीख

वसुधैव कुटुम्बकम् सनातन धर्म का मूल संस्कार तथा विचारधारा है जो महा उपनिषद सहित कई ग्रन्थों में लिपिबद्ध है। इसका अर्थ है–धरती ही परिवार है (**वसुधैव कुटुम्बकम्**)।

अयं निजः परो वेति गणना लघुचेतसाम्।

उदारचरितानां तु वसुधैव कुटुम्बकम् ॥

(महोपनिषद्, अध्याय ४, श्लोक ७१)

अर्थ–यह अपना है और यह दूसरे का है, इस तरह की गणना छोटे चित्त वाले लोग करते हैं। उदार हृदय वाले लोगों की तो (सम्पूर्ण) धरती ही परिवार है।

कहा जाता है कि मनुष्य एक सामाजिक प्राणी है। यूं तो सृष्टि के प्रत्येक प्राणी का अपना समाज होता है। परन्तु प्रत्येक प्राणी अपने सामाजिक धर्म के बन्धन से बंधा हो, यह आवश्यक नही है। परन्तु मनुष्य के साथ यह शर्त है कि वह धर्म से संचालित हो।

आहार निद्रा भय मैथुन आदि सभी प्राणियों में समान होते हैं, चाहे वह पशु हो अथवा मनुष्य हो। ये सारी क्रियायें सभी प्राणियों में सामान्य रूप से होती है। परन्तु मनुष्य को पृथक दिखने के लिए एक विशेष गुण होता है। वह है धर्म अर्थात् कर्तव्य, करणीय–अकरणीय का विवेक। मेरा क्या कर्तव्य है, मेरे लिए करने योग्य क्या है, यह विवेक मनुष्य के पास होता है अन्य पशुओं में नहीं होता इसी को 'धर्म' कहा गया है। यह धर्म ही मनुष्य में पशुओं की तुलना में अधिक होता है। इसीलिए उस सृष्टि का सर्वश्रेष्ठ प्राणी कहा गया है। धर्म से च्युत व्यक्ति पशु के समान है।

सृष्टि के प्रत्येक पदार्थ का अपना गुण धर्म होता है। यह उसका धर्म ही उसको पृथकत्व की अनुभूति कराता है। क्योंकि प्रत्येक पदार्थ का अपना अलग धर्म होता है। जैसे अग्नि का धर्म उष्णता है, जल का धर्म तरलता है, सूर्य का धर्म तेज है चन्द्रमा का धर्म शीतलता है, अध्यापक का धर्म अध्यापन है, छात्र का धर्म अध्ययन है आदि। यदि वह पदार्थ अपना धर्म त्याग दे तो प्रकृति में विकृति आ जाना स्वभाविक है।

हम यहाँ मनुष्य की बात कर रहे है मनुष्य का अपना धर्म है इसीलिए उसे बाकी प्राणियों से पृथक माना जाता है। मनुष्य चूंकि सामाजिक प्राणी है, अतः उसका दायित्व भी व्यक्तिगत के साथ सामाजिक अधिक है। अब समाज की लघु इकाई है परिवार तथा परिवार की वृहद् इकाई है पूरी पृथिवी। इसीलिए हमारे ऋषियों ने हमें व्यक्ति से परमेष्ठि तक की यात्रा करायी है। सम्पूर्ण वसुधा को परिवार माना है। परन्तु यह वसुधा परिवार की इकाई भी तभी सुदृढ़ हो सकेगी जब व्यक्ति स्वधर्म का पालन करेगा। अपने धर्म का पालन करना ही उसे लघु परिवार से बृहत् परिवार को स्वीकार करने की प्रेरणा देगा। जो अपने लिए जीता है, वह पशु है और जो दूसरों के लिए जीता है वही मनुष्य है। यह तेरा है यह मेरा है ऐसा विचार तो क्षुद्र हृदय वाले लोग करते है। उदार हृदयी के लिए तो सम्पूर्ण वसुधा परिवार है।

परिवार बनने के लिए सबसे पहले यह तेरा, यह मेरा का विचार समाप्त होना आवश्यक है। परिवार के लिए मैं से ऊपर उठकर हम का विचार करना होता है। एक व्यक्ति पहले केवल स्वयं का विचार करता है। 22–25 वर्ष की अवस्था में उसका विवाह हो गया। अब उसका सोच मैं से हटकर पत्नी के साथ भी जुड़ गया। यही भाव पत्नी के मन में भी रहता है। जो पहले केवल अपना विचार करती थी अब वह पत्नी के रूप में पति की अर्धांगिनी के रूप में अपने स्वत्व से ऊपर उठकर पति–पत्नी के रूप में लघु परिवार के रूप में हम हो गये। बस या रेल में यात्रा करते समय जो खिड़की वाली सीट पाने के लिए झगड़ जाता था, विवाह होते ही वह उस सीट को स्वेच्छा से पत्नी के लिए त्याग देता है। एक सीट के लिए झगडने वाला व्यक्ति अचानक त्यागी हो जाता है क्योंकि अब वह परिवार बन चुका है परिवार हमें त्याग सिखाता

है। परिवार ज्यों-ज्यों बड़ा होता है त्यों-त्यों उसका त्याग बढ़ता जाता है। भारतीय संस्कृति की यह विशेषता है कि वह हमें त्याग सिखाती है। त्याग से परिवार संस्था का निर्माण हुआ है। विश्व कहीं पर परिवार रूप संस्था आरम्भ में नही थी केवल भारत ही ऐसा देश है जहाँ परिवार संस्था आदि काल से चली आ रही है। परिवार हमें त्याग करना सिखाता है। इसलिए भारतीय संस्कृति त्यागमयी संस्कृति है। यूरोप की संस्कृति भोग संस्कृति है क्योंकि वहाँ परिवार संस्था का को प्रावधान नहीं है। हमारा सौभाग्य है कि हम उस देश और समाज में जन्मे है जहाँ त्याग को सर्व श्रेष्ठ स्थान दिया है जो जितना बड़ा त्यागी होता है उतना ही वह पूज्य होता है भारत में सर्वाधिक सम्मान सन्यासियों को प्राप्त है। भारत का सन्यास अपने का त्याग कर सम्पूर्ण वसुधा को अपना परिवार मानता है।

परिवार संस्था का आधार है। विवाह विवाह मात्र स्त्री पुरुष का मिलन मात्र नहीं है उसका एक वैज्ञानिक रहस्य है। आजकल विवाह शब्द का अर्थ नहीं समझाया जाता है। सारी वैदिक परम्परायें अवश्यक होती होगी परन्तु विवाह शब्द का अर्थ कोई नहीं बताता। विशेषत्वेन वहति इति विवाह जिस सम्बन्ध को विशेषत्व से वहन किया जाय वह विवाह है। पत्नी को अर्धांगिनी कहा गया है अर्थात् पुरुष का आधा अंग। मनुष्य विवाह के पश्चात् ही पूर्वत्व को प्राप्त होता है।

पति पत्नी एक दूसरे के बिना अपूर्ण है, इसलिए विवाह एक विशेष सम्बन्ध है। यह दूसरे का साथ निभाने का सम्बन्ध नही अपितु अपना साथ निभाने का सम्बन्ध है। जहाँ अपनापन है, जहाँ द्वित्व नहीं है, जहाँ एकत्व है। विवाह प्रमाणपत्र लेकर घूमना विवाह नहीं है, विवाह आत्मिक सम्बन्ध है। विवाह केवल दो व्यक्तियों का मिलन मात्र नहीं है बल्कि दो परिवार मिलकर एक हो जाते हैं, तब विवाह कहलाता है। इससे। परिवारिक मूल्यों की रक्षा होती है। विवाह होते ही पति-पत्नी गृहस्थी हो जाते हैं, गृहस्थ जीवन समस्त सामाजिक और राष्ट्रीय जीवन का आधार है। भारतीय परम्परा के चार आश्रमों में शेष तीन आश्रम ब्रह्मचर्या, वानप्रस्थ तथा सन्यास तीनों गृहस्थ आश्रम पर ही अवलम्बित हैं। इसलिए विवाह हमारी संस्कृति में सबसे अनोखी और

असामान्य परम्परा है। बिना विवाह के वह गृहस्थ नहीं हो सकता। यही परिवार का आधार है। इन पारिवारिक मूल्यों की रक्षा के लिए चार बातें आवश्यक है आत्मीयता, त्याग, सहयोग और संगठन।

आत्मीयता

परिवार जीवन का महत्वपूर्ण अंग है आत्मीयता। समय कितना भी बदल जाय परिवार आत्मीयता से ही बनता है। जहाँ आत्मीयता होगी वहाँ परिवार होगा। जिस कार्यालय में कर्मचारियों में परस्पर आत्मीय भाव होता है, उसे हम परिवार कहने लगते हैं। जहाँ आत्मीयता होती है तो एक दूसरे का सुख-दुःख अपना सुख-दुःख लगने लगता है। जहाँ इस प्रकार की आत्मीय होती है तो वह परिवार बन जाता है। ज्यों-ज्यों यह आत्मीयता का दायरा बढ़ता जाता है परिवार का आकार भी बड़ा होने लगता हैं। सम्पूर्ण भारतवर्ष एक परिवार बन जाता है। केवल भारत ही नहीं बल्कि सम्पूर्ण वसुधा ही परिवार बन जाती है। हमारे ऋषियों का कितना व्यापक दृष्टिकोण था जो सम्पूर्ण विश्व को एक परिवार के रूप में मानते थे। इसीलिए उन्होंने वसुधैव कुटुम्बकम् का विचार दिया।

त्याग

आत्मीयता के विकास में त्याग की बड़ी महत्वपूर्ण भूमिका है। त्याग से ही परिवार बनता है। जहाँ एक दूसरे के प्रति आत्मीयता है, त्याग है, वहीं परिवार कहलाता है। विवाह परम्परा में सबसे पहले अपने स्वत्व का त्याग करना होता है विवाह के पश्चात स्त्री तथा पुरुष से मैं का भाव समाप्त होकर हम का भाव निर्माण होता है। दोनों को अपनी व्यक्तिगत ऐषणाओं का त्याग करना पड़ता है। त्याग का सबसे बड़ा उदाहरण यदि कही देखना है तो रामायण का अध्ययन करना चाहिए। यहाँ प्रत्येक पात्र त्याग की प्रतिमूर्ति है। इसीलिए आदर्श परिवार का निर्माण करने के लिए लोग रामायण का पाठ करते हैं। रामायण हमें त्याग सिखाती है। आज प्रत्येक परिवार में रामायण को आदर्श माना जाता है। आदर्श पुत्र कैसा हो, आदर्श माता-पिता, आदर्श भाई, आदर्श पत्नी, आदर्श मित्र यहाँ तक कि आदर्श शत्रु का दिग्दर्शन रामायण में मिलता

है। अपने कष्ट को भूल कर उसके कष्टों को दूर करना ही तो परिवार का लक्षण है।

सहयोग

तीसरा तत्व है सहयोग। परस्पर सहयोग पारिवारिक जीवन का प्रमुख आयाम है। आत्मीयता है, त्याग भी है परन्तु सहयोग की भावना का अभाव है तो निश्चित रूप से परिवार का सुलक्षण नहीं है। एक दूसरे के प्रति सहयोग की भावना परिवार को दृढ़ करती है अपने साथी का सहयोग पति–पत्नी का आपसी सहयोग मित्रों में सहयोग की भावना परिवार संगठन को सुदृढ़ करते है।

संगठन

चौथा बिन्दु है संगठन। संगठन का अर्थ है एकत्रित आना एक साथ मिलकर कार्य करना। संगठन के भाव से परिवार सुदृढ़ होता है। इसमें चारों तत्व एक दूसरे के साथ संलग्न हैं। जहाँ आत्मीता है, वहाँ त्याग होगा, जहाँ त्याग होगा वहाँ सहयोग होगा, जहाँ आत्मीयता, त्याग और सहयोग होगा, वहाँ संगठन होगा। जहाँ ये चारों तत्व विद्यमान है, वह परिवार कहलाता है। यही चारों तत्व पारिवारिक, सामाजिक तथा राष्ट्रीय भाव को दृढ़ करने के लिए आवश्यक हैं। समाज तथा राष्ट्र के प्रति आत्मीयता, त्याग, सहयोग तथा सम्पूर्ण समाज एक सूत्र रूप संगठित होकर उन्नति कर सकता है। भारतीय संस्कृति में मनुष्य के चिन्तन के विस्तार को सीमा में बांध कर नहीं रखा। सम्पूर्ण सृष्टि के प्रति एकात्म हो जाना व्यक्ति की मानसिक चेतना का विकास है। व्यष्टि से परमेष्ठि तक सभी एक सूत्र मे बंधे है। इससे भी आगे हमारे ऋषि ने नेति नेति कहा। अर्थात् यह भी की इति नहीं है इससे भी परे कुछ है तो वह भी इस परिवार के दायरे में आता है। क्योंकि अखिल ब्रह्माण्ड का नायक एक है तो ब्रह्माण्ड के सभी जीव चेतन अचेतन सभी एक ही पर शक्ति से नि:सृत है। इसलिए उस वृहत् परिवार के सदस्य है इसलिए इसी अनमोल धरोहर रूपी अपनी चेतन शक्ति का विकास करने की आवश्यकता है।

/////जय श्री राम /////

भारतीय संस्कृति में भाषा

भाषा वह साधन है जिसके द्वारा हम अपने विचारों को व्यक्त कर सकते हैं और इसके लिये हम वाचिक ध्वनियों का प्रयोग करते हैं।

विभिन्न भाषा-परिवार

भाषा, मुख से उच्चारित होने वाले शब्दों और वाक्यों आदि का वह समूह है जिनके द्वारा मन की बात बताई जाती है। किसी भाषा की सभी ध्वनियों के प्रतिनिधि स्वर एक व्यवस्था में मिलकर एक सम्पूर्ण भाषा की अवधारणा बनाते हैं। व्यक्त नाद की वह समष्टि जिसकी सहायता से किसी एक समाज या देश के लोग अपने मनोगत भाव तथा विचार एक दूसरे से प्रकट करते हैं। मुख से उच्चारित होने वाले शब्दों और वाक्यों आदि का वह समूह जिनके द्वारा मन की बात बताई जाती है जैसे-बोली, जुबान, वाणी विशेष।

सामान्यत: भाषा को वैचारिक आदान-प्रदान का माध्यम कहा जा सकता है। भाषा आभ्यन्तर अभिव्यक्ति का सर्वाधिक विश्वसनीय माध्यम है। यही नहीं वह हमारे आभ्यन्तर के निर्माण, विकास, हमारी अस्मिता, सामाजिक-सांस्कृतिक पहचान का भी साधन है। भाषा के बिना मनुष्य सर्वथा अपूर्ण है और अपने इतिहास तथा परम्परा से विच्छिन्न है।

इस समय सारे संसार में प्राय: हजारों प्रकार की भाषाएँ बोली जाती हैं जो साधारणत: अपने भाषियों को छोड़ और लोगों की समझ में नहीं आतीं। अपने समाज या देश की भाषा तो लोग बचपन से ही अभ्यस्त होने के कारण अच्छी तरह जानते हैं, पर दूसरे देशों या समाजों की भाषा बिना अच्छी तरह सीखे नहीं आती। भाषाविज्ञान के ज्ञाताओं ने भाषाओं के आर्य, सेमेटिक, हेमेटिक आदि कई वर्ग स्थापित करके उनमें से प्रत्येक की अलग अलग शाखाएँ स्थापित की हैं और उन शाखाओं के भी अनेक वर्ग-उपवर्ग बनाकर

उनमें बड़ी बड़ी भाषाओं और उनके प्रान्तीय भेदों, उपभाषाओं अथवा बोलियों को रखा है। जैसे हिंदी भाषा (हिन्दी) भाषाविज्ञान की दृष्टि से भाषाओं के आर्य वर्ग की भारतीय आर्य शाखा की एक भाषा है; और ब्रजभाषा, अवधी, बुंदेलखण्डी आदि इसकी उपभाषाएँ या बोलियाँ हैं। पास-पास बोली जाने वाली अनेक उपभाषाओं या बोलियों में बहुत कुछ साम्य होता है; और उसी साम्य के आधार पर उनके वर्ग या कुल स्थापित किए जाते हैं। यही बात बड़ी बड़ी भाषाओं में भी है जिनका पारस्परिक साम्य उतना अधिक तो नहीं, पर फिर भी बहुत कुछ होता है।

संसार की सभी बातों की भाँति भाषा का भी मनुष्य की आदिम अवस्था के अव्यक्त नाद से अब तक बराबर विकास होता आया है; और इसी विकास के कारण भाषाओं में सदा परिवर्तन होता रहता है। भारतीय आर्यों की वैदिक भाषा से संस्कृत और प्राकृतों का, प्राकृतों से अपभ्रंशों का और अपभ्रंशों से आधुनिक भारतीय भाषाओं का विकास हुआ है।

प्रायः भाषा को लिखित रूप में व्यक्त करने के लिये लिपियों की सहायता लेनी पड़ती है। भाषा और लिपि, भाव व्यक्तीकरण के दो अभिन्न पहलू हैं। एक भाषा कई लिपियों में लिखी जा सकती है और दो या अधिक भाषाओं की एक ही लिपि हो सकती है। उदाहरणार्थ पंजाबी, गुरूमुखी तथा शाहमुखी दोनो में लिखी जाती है जबकि हिन्दी, मराठी, संस्कृत, नेपाली इत्यादि सभी देवनागरी लिपि में लिखी जाती हैं।

परिभाषा

भाषा को प्राचीन काल से ही परिभाषित करने की कोशिश की जाती रही है। इसकी कुछ मुख्य परिभाषाएँ निम्नलिखित हैं–

(1) 'भाषा' शब्द संस्कृत के 'भाष्' धातु से बना है जिसका अर्थ है बोलना या कहना अर्थात् भाषा वह है जिसे बोला जाएँ

(2) "भाषा यादृच्छिक वाचिक ध्वनि संकेतों की वह पद्धति है, जिसके द्वारा मानव परम्परा विचारों का आदान-प्रदान करता है। स्पष्ट ही इस कथन में भाषा के लिए चार बातों पर ध्यान दिया गया है–

(3) भाषा एक पद्धति है, यानी एक सुसम्बद्ध और सुव्यवस्थित योजना या संगठन है, जिसमें कर्ता, कर्म, क्रिया, आदि व्यवस्थित रूप में आ सकते हैं।

(4) भाषा संकेतात्मक है अर्थात् इसमे जो ध्वनियाँ उच्चारित होती हैं, उनका किसी वस्तु या कार्य से सम्बन्ध होता है। ये ध्वनियाँ संकेतात्मक या प्रतीकात्मक होती हैं।

(5) भाषा वाचिक ध्वनि-संकेत है, अर्थात् मनुष्य अपनी वाणिन्द्रिय की सहायता से संकेतों का उच्चारण करता है, वे ही भाषा के अन्तर्गत आते हैं।

(6) भाषा यादृच्छिक संकेत है। यादृच्छिक से तात्पर्य है-ऐच्छिक, अर्थात् किसी भी विशेष ध्वनि का किसी विशेष अर्थ से मौलिक अथवा दार्शनिक सम्बन्ध नहीं होता। प्रत्येक भाषा में किसी विशेष ध्वनि को किसी विशेष अर्थ का वाचक 'मान लिया जाता है। फिर वह उसी अर्थ के लिए रूढ़ हो जाता है। कहने का अर्थ यह है कि वह परम्परानुसार उसी अर्थ का वाचक हो जाता है। दूसरी भाषा में उस अर्थ का वाचक कोई दूसरा शब्द होगा।

हम व्यवहार में यह देखते हैं कि भाषा का सम्बन्ध एक व्यक्ति से लेकर सम्पूर्ण विश्व तक है। व्यक्ति और समाज के बीच व्यवहार में आने वाली इस परम्परा से अर्जित सम्पत्ति के अनेक रूप हैं। समाज सापेक्षता भाषा के लिए अनिवार्य है, ठीक वैसे ही जैसे व्यक्ति सापेक्षता। भाषा संकेतात्मक होती है अर्थात् वह एक 'प्रतीक-स्थिति' है। इसकी प्रतीकात्मक गतिविधि के चार प्रमुख संयोजक है: दो व्यक्ति एक वह जो संबोधित करता है, दूसरा वह जिसे संबोधित किया जाता है, तीसरी संकेति वस्तु और चौथी-प्रतीकात्मक संवाहक जो संकेति वस्तु की ओर प्रतिनिधि भंगिमा के साथ संकेत करता है।

विकास की प्रक्रिया में भाषा का दायरा भी बढ़ता जाता है। यही नहीं एक समाज में एक जैसी भाषा बोलने वाले व्यक्तियों का बोलने का ढंग, उनकी उच्चारण-प्रक्रिया, शब्द भण्डार, वाक्य-विन्यास आदि अलग-अलग हो जाने से उनकी भाषा में पर्याप्त अन्तर आ जाता है। इसी को शैली कह सकते

हैं। भाषा वह साधन है, जिसके द्वारा मनुष्य बोलकर, सुनकर, लिखकर व पढ़कर अपने मन के भावों या विचारों का आदान-प्रदान करता है। दूसरे शब्दों में-जिसके द्वारा हम अपने भावों को लिखित अथवा कथित रूप से दूसरों को समझा सकें और दूसरों के भाषा को समझ सके उसे भाषा कहते है। सार्थक शब्दों के समूह या संकेत को भाषा कहते है। यह संकेत स्पष्ट होना चाहिए। मनुष्य के जटिल मनोभावों को भाषा व्यक्त करती है; किन्तु केवल संकेत भाषा नहीं है। रेलगाड़ी का गार्ड हरी झण्डी दिखाकर यह भाव व्यक्त करता है कि गाड़ी अब खुलनेवाली है; किन्तु भाषा में इस प्रकार के संकेत का महत्त्व नहीं है। सभी संकेतों को सभी लोग ठीक-ठीक समझ भी नहीं पाते और न इनसे विचार ही सही-सही व्यक्त हो पाते हैं। सारांश यह है कि भाषा को सार्थक और स्पष्ट होना चाहिए।

बोली, विभाषा, भाषा और राजभाषा

यों बोली, विभाषा और भाषा का मौलिक अन्तर बता पाना कठिन है, क्योंकि इसमें प्रमुख अन्तर व्यवहार-क्षेत्र के विस्तार पर निर्भर है। वैयक्तिक विविधता के चलते एक समाज में चलने वाली एक ही भाषा के कई रूप दिखाई देते हैं। मुख्य रूप से भाषा के इन रूपों को हम इस प्रकार देखते हैं-

बोली और भाषा में अन्तर होता है। यह भाषा की छोटी इकाई है। इसका सम्बन्ध ग्राम या मण्डल अर्थात सीमित क्षेत्र से होता है। इसमें प्रधानता व्यक्तिगत बोलचाल के माध्यम की रहती है और देशज शब्दों तथा घरेलू शब्दावली का बाहुल्य होता है। यह मुख्य रूप से बोलचाल की भाषा है, इसका रूप (लहजा) कुछ-कुछ दूरी पर बदलते पाया जाता है तथा लिपिबद्ध न होने के कारण इसमें साहित्यिक रचनाओं का अभाव रहता है। व्याकरणिक दृष्टि से भी इसमें विसंगतियाँ पायी जाती है।

विभाषा का क्षेत्र बोली की अपेक्षा विस्तृत होता है यह एक प्रान्त या उपप्रान्त में प्रचलित होती है। एक विभाषा में स्थानीय भेदों के आधार पर कई बोलियाँ प्रचलित रहती हैं। विभाषा में साहित्यिक रचनाएँ मिल सकती हैं।

भाषा, या परिनिष्ठित भाषा अथवा आदर्श भाषा, विभाषा की विकसित स्थिति हैं। इसे राष्ट्र-भाषा या टकसाली-भाषा भी कहा जाता है।

प्रायः देखा जाता है कि विभिन्न विभाषाओं में से कोई एक विभाषा अपने गुण-गौरव, साहित्यिक अभिवृद्धि, जन-सामान्य में अधिक प्रचलन आदि के आधार पर राजकार्य के लिए चुन ली जाती है और उसे राजभाषा के रूप में या राष्ट्रभाषा घोषित कर दिया जाता है।

राजभाषा और राष्ट्रभाषा किसी प्रदेश की राज्य सरकार के द्वारा उस राज्य के अन्तर्गत प्रशासनिक कार्यों को सम्पन्न करने के लिए प्रयोग किया जाता है, उसे राज्यभाषा कहते हैं। यह भाषा सम्पूर्ण प्रदेश के अधिकांश जन-समुदाय द्वारा बोली और समझी जाती है। प्रशासनिक दृष्टि से सम्पूर्ण राज्य में सर्वत्र इस भाषा को महत्त्व प्राप्त रहता है।

भारतीय संविधान में राज्यों और केन्द्रशासित प्रदेशों के लिए हिन्दी के अतिरिक्त 22 अन्य भाषाएं राजभाषा स्वीकार की गई हैं। राज्यों की विध ानसभाएं बहुमत के आधार पर किसी एक भाषा को अथवा चाहें तो एक से अधिक भाषाओं को अपने राज्य की राज्यभाषा घोषित कर सकती हैं।

राष्ट्रभाषा सम्पूर्ण राष्ट्र का प्रतिनिधित्व करती है। प्रायः वह अधिकाधि क लोगों द्वारा बोली और समझी जाने वाली भाषा होती है। प्रायः राष्ट्रभाषा ही किसी देश की राजभाषा होती है।

भाषा के विभिन्न रूप–

जीवन के विभिन्न व्यवहारों के अनुरूप भाषिक प्रयोजनों की तलाश हमारे दौर की अपरिहार्यता है। इसका कारण यह है कि भाषाओं को सम्प्रेषणपरक प्रकार्य (फंक्शन) कई स्तरों पर और कई सन्दर्भों में पूरी तरह प्रयुक्ति सापेक्ष होता गया है। प्रयुक्ति और प्रयोजन से रहित भाषा, अब भाषा ही नहीं रह गई है। भाषा की पहचान केवल यही नहीं कि उसमें कविताओं और कहानियों का सृजन कितनी सप्राणता के साथ हुआ है, बल्कि भाषा की व्यापक स्तर की सम्प्रेषणीयता का एक अनिवार्य प्रतिफल यह भी है कि उसमें सामाजिक सन्दर्भों और नये प्रयोजनों को साकार करने की कितनी सम्भावना है। इधर संसार भर की भाषाओं में यह प्रयोजनीयता धीरे-धीरे विकसित हुई है और रोजी-रोटी का माध्यम बनने की विशिष्टताओं के साथ भाषा का नया

आयाम सामने आया है: वर्गभाषा, तकनीकी भाषा, साहित्यिक भाषा, राजभाषा, राष्ट्रभाषा, सम्पर्क भाषा, बोलचाल की भाषा, मानक भाषा आदि।

'बोलचाल की भाषा'

'बोलचाल की भाषा' को समझने के लिए 'बोली' (Dialect, डायलेक्ट) को समझना जरूरी है। 'बोली' उन सभी लोगों की बोलचाल की भाषा का वह मिश्रित रूप है जिनकी भाषा में पारस्परिक भेद को अनुभव नहीं किया जाता है। विश्व में जब किसी जन समूह का महत्त्व किसी भी कारण से बढ़ जाता है तो उसकी बोलचाल की बोली 'भाषा' कही जाने लगती है, अन्यथा वह 'बोली' ही रहती है। स्पष्ट है कि 'भाषा' की अपेक्षा 'बोली' का क्षेत्र, उसके बोलने वालों की संख्या और उसका महत्त्व कम होता है। एक भाषा की कई बोलियाँ होती हैं क्योंकि भाषा का क्षेत्र विस्तृत होता है। जब कई व्यक्ति-बोलियों में पारस्परिक सम्पर्क होता है, तब बालचाल की भाषा का प्रसार होता है, आपस में मिलती-जुलती बोली या उपभाषाओं में हुई आपसी व्यवहार से बोलचाल की भाषा को विस्तार मिलता है। इसे 'सामान्य भाषा' के नाम से भी जाना जाता है। यह भाषा बड़े पैमाने पर विस्तृत क्षेत्र में प्रयुक्त होती है।

मानक भाषा

भाषा के स्थिर तथा सुनिश्चित रूप को मानक या परिनिष्ठित भाषा कहते हैं। भाषाविज्ञान कोश के अनुसार किसी भाषा की उस विभाषा को परिनिष्ठित भाषा कहते हैं जो अन्य विभाषाओं पर अपनी साहित्यिक एवं सांस्कृतिक श्रेष्ठता स्थापित कर लेती है तथा उन विभाषाओं को बोलने वाले भी उसे सर्वाधिक उपयुक्त समझने लगते हैं। मानक भाषा शिक्षित वर्ग की शिक्षा, पत्राचार एवं व्यवहार की भाषा होती है। इसके व्याकरण तथा उच्चारण की प्रक्रिया लगभग निश्चित होती है। मानक भाषा को टकसाली भाषा भी कहते हैं। इसी भाषा में पाठ्य-पुस्तकों का प्रकाशन होता है। हिन्दी, अंग्रेजी, फ्रेंच, संस्कृत तथा ग्रीक इत्यादि मानक भाषाएँ हैं। किसी भाषा के मानक रूप का अर्थ है, उस भाषा का वह रूप जो उच्चारण, रूप-रचना, वाक्य-रचना, शब्द और शब्द-रचना, अर्थ, मुहावरे, लोकोक्तियाँ, प्रयोग तथा लेखन आदि

की दृष्टि से, उस भाषा के सभी नहीं तो अधिकांश सुशिक्षित लोगों द्वारा शुद्ध माना जाता है। मानकता अनेकता में एकता की खोज है, अर्थात यदि किसी लेखन या भाषिक इकाई में विकल्प न हो तब तो वही मानक होगा, किन्तु यदि विकल्प हो तो अपवादों की बात छोड़ दें तो कोई एक मानक होता है। जिसका प्रयोग उस भाषा के अधिकांश शिष्ट लोग करते हैं। किसी भाषा का मानक रूप ही प्रतिष्ठित माना जाता है। उस भाषा के लगभग समूचे क्षेत्र में मानक भाषा का प्रयोग होता है। 'मानक भाषा' एक प्रकार से सामाजिक प्रतिष्ठा का प्रतीक होती है। उसका सम्बन्ध भाषा की संरचना से न होकर सामाजिक स्वीकृति से होता है। मानक भाषा को इस रूप में भी समझा जा सकता है कि समाज में एक वर्ग मानक होता है जो अपेक्षाकृत अधिक महत्त्वपूर्ण होता है तथा समाज में उसी का बोलना-लिखना, उसी का खाना-पीना, उसी के रीति-रिवाज अनुकरणीय माने जाते हैं। मानक भाषा मूलत: उसी वर्ग की भाषा होती है। अंग्रेजी में इसे 'स्टैंडर्ड लैंग्वेज' कहा जाता है।

सम्पर्क भाषा

अनेक भाषाओं के अस्तित्व के बावजूद जिस विशिष्ट भाषा के माध्यम से व्यक्ति-व्यक्ति, राज्य-राज्य तथा देश-विदेश के बीच सम्पर्क स्थापित किया जाता है उसे सम्पर्क भाषा कहते हैं। एक ही भाषा परिपूरक भाषा और सम्पर्क भाषा दोनों ही हो सकती है। आज भारत मे सम्पर्क भाषा के तौर पर हिन्दी प्रतिष्ठित होती जा रही है जबकि अन्तरराष्ट्रीय स्तर पर अंग्रेजी संपर्क भाषा के रूप में प्रतिष्ठित हो गई है। सम्पर्क भाषा के रूप में जब भी किसी भाषा को देश की राष्ट्रभाषा अथवा राजभाषा के पद पर आसीन किया जाता है तब उस भाषा से कुछ अपेक्षाएँ भी रखी जाती हैं। जब कोई भाषा सम्पर्क भाषा' के रूप में उभरती है तब राष्ट्रीयता या राष्ट्रता से प्रेरित होकर वह प्रभुतासम्पन्न भाषा बन जाती है। यह तो आवश्यक नहीं कि मातृभाषा के रूप में इसके बोलने वालों की संख्या अधिक हो पर द्वितीय भाषा के रूप में इसके बोलने वाले बहुसंख्यक होते हैं।

राजभाषा

जिस भाषा में सरकार के कार्यों का निष्पादन होता है उसे राजभाषा कहते हैं। कुछ लोग राष्ट्रभाषा और राजभाषा में अन्तर नहीं करते और दोनों को समानार्थी मानते हैं। लेकिन दोनों के अर्थ भिन्न-भिन्न हैं। राष्ट्रभाषा सारे राष्ट्र के लोगों की सम्पर्क भाषा होती है जबकि राजभाषा केवल सरकार के कामकाज की भाषा है। भारत के संविधान के अनुसार हिन्दी संघ सरकार की राजभाषा है। राज्य सरकार की अपनी-अपनी राज्य भाषाएँ हैं। राजभाषा जनता और सरकार के बीच एक सेतु का कार्य करती है। किसी भी स्वतन्त्र राष्ट्र की उसकी अपनी स्थानीय राजभाषा उसके लिए राष्ट्रीय गौरव और स्वाभिमान का प्रतीक होती है। विश्व के अधिकांश राष्ट्रों की अपनी स्थानीय भाषाएँ राजभाषा हैं। आज हिन्दी हमारी राजभाषा है।

राष्ट्रभाषा

देश के विभिन्न भाषा-भाषियों में पारस्परिक विचार-विनिमय की भाषा को राष्ट्रभाषा कहते हैं। राष्ट्रभाषा को देश के अधिकतर नागरिक समझते हैं, पढ़ते हैं या बोलते हैं। किसी भी देश की राष्ट्रभाषा उस देश के नागरिकों के लिए गौरव, एकता, अखण्डता और अस्मिता का प्रतीक होती है। महात्मा गांधी जी ने राष्ट्रभाषा को राष्ट्र की आत्मा की संज्ञा दी है। एक भाषा कई देशों की राष्ट्रभाषा भी हो सकती है; जैसे अंग्रेजी आज अमेरिका, इंग्लैण्ड तथा कनाडा इत्यादि कई देशों की राष्ट्रभाषा है। संविधान में हिन्दी को राष्ट्रभाषा का दर्जा तो नहीं दिया गया है लेकिन इसकी व्यापकता को देखते हुए इसे राष्ट्रभाषा कह सकते हैं। दूसरे शब्दों में राजभाषा के रूप में हिन्दी, अंग्रेजी की तरह न केवल प्रशासनिक प्रयोजनों की भाषा है, बल्कि उसकी भूमिका राष्ट्रभाषा के रूप में भी है। वह हमारी सामाजिक-सांस्कृतिक अस्मिता की भाषा है। महात्मा गांधी जी के अनुसार किसी देश की राष्ट्रभाषा वही हो सकती है जो सरकारी कर्मचारियों के लिए सहज और सुगम हो; जिसको बोलने वाले बहुसंख्यक हों और जो पूरे देश के लिए सहज रूप में उपलब्ध हो। उनके अनुसार भारत जैसे बहुभाषी देश में हिन्दी ही राष्ट्रभाषा के निर्धारित अभिलक्षणों से युक्त है। उपर्युक्त सभी भाषाएँ एक-दूसरे की पूरक हैं। इसलिए

यह प्रश्न निरर्थक है कि राजभाषा, राष्ट्रभाषा, सम्पर्क भाषा आदि में से कौन सर्वाधिक महत्त्व का है, आवश्यकता है हिन्दी को अधिक व्यवहार में लाने की।

भारत की भाषाएँ

भारतीय संविधान द्वारा मान्यता प्राप्त भाषाओं की संख्या 22 है। 1950 में भारतीय संविधान की स्थापना के समय में, मान्यता प्राप्त भाषाओं की संख्या 14 थी। आठवीं अनुसूची में तदोपरान्त जोड़ी गई भाषाएँ सिन्धी, कोंकणी, नेपाली, मणिपुरी, मैथिली, डोगरी, बोडो और सन्थाली सांख्यिकी और कार्यक्रम कार्यावयन (कार्यान्वयन) मन्त्रालय की 2011 की रिपोर्ट के अनुसार पहचान योग्य मातृभाषाओं की संख्या 234 है। शास्त्रीय भाषा का दर्जा पाने वाली पहली भाषा तमिल शास्त्रीय भाषा का दर्जा पाने वाली अन्य भाषाएँ संस्कृत, कन्नड़, मलयालम, तेलुगू और उड़िया नागालैंड की राजभाषा है अंग्रेजी, जम्मू और कश्मीर की राजभाषा उर्दू, गोवा की राजभाषा कोंकणी है। भारत के संविधान द्वारा निर्धारित सर्वोच्च न्यायालय और उच्च न्यायालय की राजभाषा अंग्रेजी है। लक्षद्वीप की प्रमुख भाषाएँ जेसरी (द्वीप भाषा) और महल सामान्यतः पुडुचेरी (पूर्व में पांडिचेरी) में बोली जाने वाली विदेशी भाषा फ्रेंच पूर्व की इतालवी कही जाने वाली भारतीय भाषा तेलुगु भारत का एकमात्र राज्य जहाँ संस्कृत राजभाषा मे रूप में मान्य है उत्तराखण्ड, अण्डमान और निकोबार द्वीप समूह के प्रमुख भाषाएँ हिन्दी, निकोबारी, बंगाली, तमिल, मलयालम और तेलुगू।

मातृभाषा किसी व्यक्ति, समाज, संस्कृति या राष्ट्र की पहचान होती है। वास्तव में भाषा एक संस्कृति है, उसके भीतर भावनाएं, विचार और सदियों की जीवन पध्दति समाहित होती है। मातृभाषा ही परम्पराओं और संस्कृति से जोड़े रखने की एक मात्र कड़ी है। राम-राम या प्रणाम आदि सम्बोधन व्यक्ति को व्यक्ति से तथा समष्टि से जोड़ने वाली सांस्कृतिक अभिव्यक्तियां हैं। उदाहरण के लिए प्रथम सम्बोधन के समय हम हाथ मिलाकर गुड मार्निंग नहीं करते हैं, बल्कि हाथों को जोड़कर राम या अन्य भगवान का नामोच्चारण करते हैं। यह नामोच्चारण एक तरफ हमें मर्यादा अथवा सम्बन्धित भगवान की

विशेषता के कारण अर्जित युग-युगान्तकारी ख्याति की याद दिलाता है तो दूसरी तरफ राम जैसे शब्दों का उच्चारण हमारी अन्तः स्रावी (एंडोक्राइन) ग्रंथियों योग की भाषा में चक्रों को सकारात्मक रूप से प्रभावित करता है। हाथ मिलाकर हम रोगकारी जीवाणुओं के विनिमय से भी बच जाते हैं। हाल ही में स्वाइन फ्लू से अपने नागरिकों को बचाने के लिए ओबामा दम्पति ने हाथ मिलाने से रोकने हेतु मुठ्ठी भिड़ाने (फिस्ट बम्प) अभियान चलाया था। अमेरिकी वैज्ञानिकों ने फिस्ट बम्प से भी दस प्रतिशत रोगाणुओं के विनिमय का खतरा बताया था यानी हाथ जोड़ना स्वतः ही श्रेष्ठ सिद्ध हो चुका है।

पहले घर के बाहर स्वस्तिक बनाते थे और सुस्वागतम् लिखा होता था और अब कुत्तों से सावधान। बोविस और उनके साथी वैज्ञानिक ने अध्ययन के बाद सिद्ध किया कि स्वस्तिक से सर्वाधिक सकारात्मक ऊर्जा निकलती है और यह विश्व की समस्त धार्मिक या अन्य आकृतियों के मुकाबले अनेक गुना ऊर्जा देने वाली आकृति है, जिससे एक मिलियन बोविस ईकाई की ऊर्जा निकलती है। इसी तरह पहले हमारे साथ कुछ अनपेक्षित घटित हो जाता था तो हम भगवान का नाम (हाय राम, या हे भगवान आदि) लेते थे। इस तरह हमारी अपेक्षा परमात्मा की कृपा पाने की होती थी, ताकि परमात्मा को याद दिला सकें कि तेरी कृपा की जरूरत है। जबकि इन दिनों नई पीढ़ी ऐसे अवसरों पर ओह शीट अर्थात् मानव मल को याद करती है, दूसरे शब्दों में कहें तो तत्कालीन अनपेक्षित स्थिति में उनकी अपेक्षा विष्ठा से मदद की हो गई है। भारतीय परम्पराओं के अनुसार तो ऐसे विकट या संकट की घड़ी में भगवान के नाम की तरह अशुभ वस्तु का स्मरण अनिष्ट को आमन्त्रित करने जैसा माना जाता है। विदेशों में सुबह के नमस्कार के लिए गुड मॉर्निंग शब्द का उपयोग होता है। वास्तव में यह गुड मार्निंग शब्द एक तरह से शुभकामना है कि आपको आज सूर्य के दर्शन हो जाएँ, क्योंकि कई देशों में सूर्य भगवान साल में केवल 150-200दिन ही दिखाई देते हैं। इसकारण वहाँ के लगभग 20% नागरिक सर्दियों में सीजनल अफेक्टिव डिसआर्डर (सेड) से ग्रस्त हो जाते हैं। हम पर तो सूर्य भगवान लगभग हर दिन ही कृपा करते हैं। हमारी मार्निंग तो उस दृष्टि से वैसे ही हर दिन गुड होती है। हाथ जोड़ने, नमन और

झुकने की अपनी वैज्ञानिकता है। अर्थात् एक भाषा के नष्ट होने का अर्थ संस्कृति, विचार और एक जीवन पद्धति का मर जाना होता है। इसलिए भाषा को बचाना बहुत जरूरी है। इसे फौरीतौर पर नहीं लिया जाना चाहिए।

भारतीय भाषाओं की वैज्ञानिकता

आत्मीयता बनाम आवश्यकता और उपयोगिता-नेशनल ब्रेन सेंटर में सम्पन्न एक वैज्ञानिक अध्ययन के अनुसार "हिन्दी या भारतीय भाषाएं पढ़ते और लिखते समय मस्तिष्क के दोनों तरफ के गोलार्द्ध सक्रिय होते हैं। जबकि अंग्रेजी पढ़ते समय केवल बांया ही जागता है।" यह वैज्ञानिक मत है कि बांया मस्तिष्क तर्क, विश्लेषण, खण्ड खण्ड दृष्टि और गणित से सम्बध्द है और दांया आत्मीयता, भावना, संवेदना, कला, दया, ममता, करुणा, संगीत, काव्य, वात्सल्य, वस्तु को समग्रता से देखने आदि का प्रतिनिधित्व करता है। उक्त अध्ययन के प्रकाश में यह कहा जा सकता है कि हिन्दी या भारतीय भाषा पढ़ने वाले व्यक्ति का विकास संतुलित रूप से होगा, इसके सम्भावना अधि क रहती है। यह बात सौ प्रतिशत सही है कि तर्क और गणित यानी आवश्यकता और उपयोगिता प्रधान व्यक्ति दया, ममता, करुणा आदि गुणों कि दृष्टि से उतना सम्पन्न नहीं रहेगा। अंग्रेजी भाषा से बांया मस्तिष्क ज्यादा सक्रिय और विकसित होता है अथवा नहीं, इस बात का निर्णय दो तीन उदाहरणों से आप तय कर सकेंगे। अंग्रेजी भाषा वाले देशों में पति-पत्नी के बीच तलाक की नौबत जरा-जरा सी बातों के कारण आ जाती है। ऐसी छोटी छोटी बात कि विश्वास ही नहीं हो पाता है। कुछ साल पहले अखबार में खबर पढ़ी थी कि अमेरिकी दम्पति के बीच टूथ पेस्ट ज्यादा लगाने का विवाद इतना बढ़ा कि तलाक हो गया था। वैसे भी वहाँ विवाह तो बड़ी बात है, प्रेम और मित्रता तक तर्क और गणित यानी आवश्यकता और उपयोगिता के आधार पर होते हैं तथा इसीलिए ये पवित्र सम्बन्ध भी ज्यादा लम्बे नहीं चल पाते हैं। अमेरिका जैसे देशों में माँ-बाप अपनी सन्तानों को 14-15 साल की उम्र में आत्मनिर्भर होने के लिए कहने लगते हैं। कहीं-कहीं तो घर से ही निकाल दिया जाता है जबकि भारतीय माँ-बाप अपने बच्चों को सुशिक्षित करने के बाद ही कमाने का आग्रह करते हैं, चाहे वे तीस साल के हो जाएँ। मेडिकल

के विद्यार्थी तो30-32 साल की उम्र के पहले जीविकोपार्जन लायक नहीं हो पाते हैं। जहाँ तक अपने लाड़लों को घर से निकालने का प्रश्न है, वह तो सामान्यतया भारत में असम्भव है। भारत में भी अंग्रेजी माध्यम से पढ़े बच्चे, बड़े होकर (तर्क और गणित को ध्यान में रखते हुए) माँ-बाप को पैसा तो भेज देते हैं, पर बेटों से श्रवणकुमार जैसे एक प्रतिशत आत्मीयता के लिए माँ-बाप मरते दम तक तरसते रहते हैं। आजकल तो विवाह का आधार आवश्यकता और उपयोगिता के आधार पर होने लगा है कि पति या पत्नी की शिक्षा-दीक्षा एक दूसरे के व्यवसाय के अनुकूल होगी या नहीं। दाम्पत्य जीवन में यदि आवश्यकता और उपयोगिता का सिद्धान्त हावी होगा तो फिर दम्पति में परस्पर आत्मीयता का आविर्भाव भला कैसे होगा। बोया हुआ आवश्यकता और उपयोगिता का बीज ही तो फलीभूत होगा। कहीं-कहीं तो वापरो और फेंको (यूज एंड थ्रो) का सूत्र काम करने लगा है। मैं तो उक्त वैज्ञानिक अध्ययन को सौ प्रतिशत सही मानता हूं और माँ-बाप को घर से बाहर करने की घटनाओं के पीछे अंग्रेजी भाषा के हाथ को तर्क और गणित के आधार पर सही मानता हूं। फिर चाहे रेमंड कम्पनी के मालिक का मामला हो या फिर आशा साहनी के कंकाल की ही बात क्यों ना हो, सोचिए ना, क्या श्रवणकुमार के देश का एक बेटा अपनी अकेली रह रही ममतामयी माता की खैर खबर साल डेढ़ साल तक क्यों नहीं ले रहा था। हालांकि इतनी घोर वीभत्स और अनपेक्षित घटनाएं अपवाद हो सकती हैं, परन्तु माँ-बाप को जमीन-जायदाद और धन के लिए मार डालने का सिलसिला तो भारत में भी शुरू हो चुका है।

भाषा और मनोविज्ञान

अभी तक हुए अध्ययनों के आधार पर मनोवैज्ञानिकों की यह स्पष्ट मान्यता है कि सम्प्रेषण की भाषा वही होना चाहिए, जिस भाषा मे वह सोचता और चिन्तन मनन करता है। वे मानते हैं कि इससे संप्रेषणीयता सटीक और सहज तो होती ही है, साथ-साथ व्यक्ति की ग्रहण क्षमता और कार्य क्षमता भी अधिक होती है। हमारे महाविद्यालय (महात्मा गांधी स्मृति मेडिकल कॉलेज, इन्दौर) में सम्पन्न एक सर्वेक्षण से यह बात सामने आई है कि विश्वविद्यालयीन

परीक्षाओं में मेरिट में आने वाले विद्यार्थियों में उन विद्यार्थियों का वर्चस्व रहता है, जिनकी मेडिकल में प्रवेश के पूर्व पढ़ाई हिन्दी माध्यम से हुई थी। भारतरत्न स्व. डॉ.ए.पी.जे. अब्दुल कलाम की स्पष्ट मान्यता थी कि मातृभाषा में शिक्षा सर्वोत्तम परिणामदायी होती है। उन्होंने 19 जनवरी 2011 को नागपुर के धर्मपीठ साइंस कॉलेज की स्वर्ण जयन्ती के अवसर पर कहा था कि मैंने अपनी दसवीं तक की पढ़ाई अपनी मातृभाषा में ही की थी। उन्होंने श्रोताओं को सलाह दी थी कि यदि बच्चों में रचनात्मकता का विकास करना है और उनकी ग्रहण क्षमता (ग्रास्पिंग पॉवर) विकसित करना चाहते हैं तो उसे मातृभाषा में ही पढ़ाना चाहिए। पाकिस्तान की एक प्रोफेसर इरफाना मल्लाह का कहना है कि मातृभाषा में आरंभिक शिक्षा प्राप्त करने से बच्चों की रचनात्मक क्षमताओं में वृद्धि होती है जबकि दूसरी भाषाओं में आरंभिक शिक्षा प्राप्त करने वाले बच्चों की यह क्षमता सीमित हो जाती है। उनका कहना है कि जो बच्चे विदेशी भाषाओं में शिक्षा ग्रहण करते हैं वह अपने इतिहास और सभ्यता से दूर हो जाते हैं।

मातृभाषा श्रेष्ठ क्यों?

मातृभाषा सर्वश्रेष्ठ इसलिए है क्योंकि मातृभाषा विद्यार्थी को आत्मविश्वासी और योग्य बनाती है। मातृभाषा में पढ़ाई से कक्षाओं में शिक्षक-विद्यार्थी एवं विद्यार्थी-विद्यार्थी के मध्य पारस्परिक ज्ञान का विनिमय ज्यादा और अधिक प्रभावी होता है। अनेक अध्ययनों और अब तक सरकार द्वारा बिठाए गए भाषाई आयोगों के निष्कर्षों से ज्ञात हुआ है कि हिन्दी अथवा मातृभाषा में पढ़ रहे विद्यार्थी ज्यादा जिज्ञासु और आत्मविश्वासी होते हैं। शोध अध्ययनों और व्यक्तिगत अनुभवों में भी यह बात सामने आई है कि मातृभाषा से दूर करने पर या अंग्रेजी थोपने से विद्यार्थियों के ज्ञानार्जन पर बहुत नकारात्मक प्रभाव पड़ता है।

वास्तव में बच्चों में भाषायी और व्याकरण सम्बन्धी समझ जन्मजात होती है। वे शब्दों के अर्थ भी जानते हैं, अर्थात् सहज और स्वाभाविक व्याकरण उनकी जन्मजात (आनुवांशिक) संवेदनशीलता का संकेत देती है। जिस तरह तैराकी सिखाए बिना ही व्यक्ति को पानी में कूदने को कह दिया

जाए, तो वह तैर नहीं सकता है, ठीक वैसे ही यदि विद्यार्थियों को ऐसी भाषा में निर्देश या उपदेश दिए जाएँ जो उनकी समझ में न आती हो, तो वे विषय को ठीक से नहीं समझ पाएँगे।

ख्यातिलब्ध विद्वानों का कहना है कि ऐसे बच्चे जो अपनी पैदायशी भाषा में शिक्षा नहीं ग्रहण करते हैं, उन्हें सीखने में ढेर सारी परेशानियों का सामना करना पड़ता है और उनमें बीच में ही पढ़ाई या शाला छोड़ने की दर भी ज्यादा होती है।

यह मनोवैज्ञानिक तथ्य है कि मातृभाषा में शिक्षा से बच्चे भी ज्यादा संवादात्मक रुख अपनाते हैं और सवाल-जवाब करने में दिलचस्पी लेते हैं। जो बच्चे अपनी मातृभाषा में ठोस आधार लेकर आते हैं, वे दूसरी भाषा में बेहतर योग्यता प्राप्त करते हैं, क्योंकि जो भी बच्चों ने अपने घर में अपनी मातृभाषा में सीखा है वह ज्ञान, वे अवधारणाएं तथा कौशल अन्य भाषा में सहज ही सीख जाते हैं, अर्थात् मातृभाषा के उपयोग को रोकना बच्चे के विकास में कदापि सहायक नहीं होता है बल्कि कालान्तर में वह बच्चे के समग्र विकास में बाधा या अभिशाप सिद्ध हो सकता है। शिक्षण संस्थानों द्वारा किसी भी बच्चे को मातृभाषा को ठुकराने के लिए बाध्य करने से बच्चों को यह संदेश भी अपने आप ही चला जाता है कि अपनी भाषा के साथ-साथ अपनी संस्कृति भी संस्थान के बाहर छोड़ कर आना है। इसके कारण बच्चे अपनी अस्मिता और संस्कारों का कुछ हिस्सा भी धीरे धीरे बाहर छोड़ने लगते हैं। भाषा विज्ञानियों का मत है कि इसीलिए मातृभाषा में शिक्षा तथा उसका सम्मान संस्कृति की अस्मिता बचाए रखने के लिए अत्यन्त आवश्यक है। ऐसा नहीं है कि हमें विदेशी भाषाएं नहीं सीखनी चाहिए, अवश्य सीखनी चाहिए, लेकिन उसे एक उपयोगी विदेशी भाषा की तरह ही सीखना चाहिए।

मातृभाषा में पढाएँ

बच्चों को मातृभाषा में शिक्षा देने का समर्थन करते हुए अमेरिका की तत्कालीन विदेश मंत्री हिलेरी क्लिंटन ने अपने भारत प्रवास में कहा था कि अमेरिका में इस मुद्दे पर बहस जारी है। हिलेरी, जेवियर कॉलेज के विद्यार्थियों के साथ खास पारस्परिक संवाद-सत्र में हिस्सा लेने आई थीं। शिक्षा के

माध्यम पर हिलेरी का कहना था, न्यूयॉर्क सिटी में प्रमुख स्कूल स्पैनिश, चाइनीज, रशियन भाषा के हैं। समाज का बड़ा हिस्सा कहता है कि बच्चों को उन्हीं की भाषा में पढ़ाया जाए लेकिन दिक्कत यह है कि न्यूयॉर्क सिटी के स्कूलों में एक से अधिक भाषा जानने वाले टीचर ज्यादा नहीं हैं। अमेरिका में शिक्षा की चुनौतियों पर हिलेरी का कहना था कि अमेरिका में शिक्षा पर काफी पैसा खर्च होता है लेकिन हम उन बच्चों के लिए कुछ नहीं कर पाते हैं जो पीछे रह जाते हैं। वहाँ बहुत ज्यादा असमानता है। उन्होंने कहा था कि भारत में तकनीकी शिक्षा दुनिया में सबसे श्रेष्ठ है।

मातृभाषा परम्परा की धरोहर

प्रसिद्ध समाज वैज्ञानिक श्यामाचरण दुबे ने कहा था कि "शिक्षा का एक प्रमुख उद्देश्य परम्परा की धरोहर को एक पीढ़ी से दूसरी तक पहुँचाना है। इस प्रक्रिया में परम्परा का सृजनात्मक मूल्यांकन भी शामिल होता है, लेकिन क्या हमारी शिक्षा संस्थाएँ भारतीय परम्परा की तलाश कर रही हैं?" ख्यातिवन साहित्यकार प्रभु जोशी का कथन है कि एक तरफ तो ताजमहल और लाल किले जैसी राष्ट्रीय धरोहर की एक भी ईंट तोड़ने पर अपराध कायम हो जाता है, तो दूसरी तरफ भाषा जैसी राष्ट्रीय और सांस्कृतिक धरोहर को पूरी तरह नष्ट किया जा रहा है और हम चुप हैं। और तो और हम भी उसमें सम्मिलित हो चुके हैं। यह हमारी आत्महीनता की पराकाष्ठा है।

मातृभाषा और मानव विकास

मानव विकास के क्रम में भाषा का एक विशिष्ट अधिकार है, उसकी अधिमानता है और वरीयता है। व्यक्ति जो भाषा अपने परिवार में बोलता है, जिस भाषा में अपने संदेशों को संप्रेषित करता है अथवा जो भाषा स्थानीय समुदाय में प्रभावशाली होती है, उसमें अगर कोई अनुदेश या उपदेश दिया जाता है तो उसके कई फायदे होते हैं। मानव मस्तिष्क मातृभाषा में दिए गए संदेश को ग्रहण करने के प्रति काफी संवेदनशील होता है।

मातृभाषा में शिक्षा न देना क्रूरता है

चीन ने यह शैक्षिक अवधारणा भी पूरी तरह मान ली है कि प्रारंभिक शिक्षा मातृभाषा में ही दी जानी चाहिए और ऐसा न करना बच्चों के साथ

मानसिक क्रूरता है। मातृभाषा के माध्यम से शिक्षा ग्रहण करते हुए बच्चे अन्य भाषा आनन्दपूर्वक सीखें तो यह सर्वथा न्यायसंगत तथा उचित होगा। लगभग सात दशक के अनुभव के बाद भी हमारी शिक्षा व्यवस्था में अनेक कमियां बनी हुई हैं, जिनका निराकरण केवल दृढ़ इच्छाशक्ति से ही संभव है।

भारत में राजभाषा को कुएं में धकेलने का षड्यन्त्र

हमारे देश में हिन्दी को येन केन प्रकारेण जुबान और चलन से गायब करने की जोरदार साजिश चल रही है और हम पूरी तरह बेखबर हैं। इसके समानान्तर अंग्रेजी को भारत की मातृभाषा और राष्ट्रभाषा बना दिया जाए, इसकी पुरजोर कोशिशें अनेक स्तर और विविध आयामी तरीकों से निरन्तर की जा रही है। दुनिया के अन्य देशों में उनकी अपनी मातृभाषा की क्या स्थिति है, मातृभाषा के संरक्षण, उसकी समृध्दि के लिए कहां क्या हो रहा है, इसका अध्ययन किए बिना ही हिन्दी को राष्ट्र से निर्वासित कर कूड़ेदान में फेंकने का काम निर्बाध गति से चुपचाप चल रहा है। टीवी चैनल्स और अखबार बहुत ही तेज गति से पढ़ने-लिखने और बोलचाल में हिन्दी के सरल शब्दों को चुपचाप हाशिए पर डाल अंग्रेजी के शब्दों को भारत के आम नागरिक के दिलोदिमाग में डालने में निरन्तर सफल होते जा रहे हैं, यह बहुत ही गम्भीर चिन्तन, मनन का विषय है और कुछ सार्थक तथा ठोस रणनीति की अनिवार्यता का स्पष्ट सन्देश और संकेत देता है। सरकारों से लेकर कार्पोरेट और कार्पोरेट-हित-साधक अखबार, उसके प्रवक्ता बनकर लिखने वाले सब के सब इस जुगत में हैं कि मातृभाषा शब्द ही भारतीय मानस और बुध्दि से बाहर हो जाएँ।

ज्ञान नहीं अज्ञान की ओर अग्रसर

तमाम बाल मनोवैज्ञानिकों, शिक्षाविदों, विद्वानों की गुहार को दरकिनार कर सरकारों ने कक्षा एक से अंग्रेजी पढ़ाना शुरू कर दिया, जबकि यह सिद्ध हो चुका है कि मातृभाषा में शिक्षा बालक के उन्मुक्त विकास में ज्यादा कारगर होती है। वैसे भी अलग-अलग आर्थिक परिवेश के बालकों में विषय को ग्रहण करने की क्षमता समान नहीं होती है। उनके लिए अंग्रेजी में पढ़ाए जाने पर और भी अधिक कठिनाई होती है। जिनका पूरा परिवेश ही अंग्रेजी भाषामय

हो, ऐसे परिवार देश में बहुत कम हैं। यह बात सभी जानते हैं और साक्षी भी हैं कि हिन्दी अथवा मातृभाषा के माध्यम से जब पढाया जाता है तो बालकों के चेहरे प्रफ्फुलित दिखाई देते हैं।

अपनी भाषा अपना स्वाभिमान

रुमानिया, डेनमार्क, मिश्र जैसे पिछड़े देश तक अपनी भाषा में शिक्षा देने को राष्ट्रीय गौरव मानते हैं। स्पेन और लातिन अमेरिका के ज्यादातर देशों में स्पेनिश भाषा मे शिक्षा देते हैं। जापान और जर्मनी जैसे छोटे-छोटे देश जब अपनी भाषा में शिक्षा देकर तकनीकी और गैर तकनीकी क्षेत्रों में दुनिया के सिरमौर बने हुए हैं। रुस, चीन, फ्रांस आदि सब देशों में उच्च शिक्षा भी अपनी मातृभाषा में दी जाती है, तथा अपनी मातृभाषा में शिक्षा ग्रहण कर इन देशों के नागरिक अपने देश को शक्तिशाली बना रहे हैं। नये-नये आविष्कार कर रहे हैं। लेकिन दुनिया को ज्ञान-विज्ञान, गणित, योग, आध्यात्म देकर जगदगुरु कहलाने वाले देश के बुद्धि सम्पन्न नागरिक विदेशी भाषा पढ़ कर कोई आविष्कार करना तो दूर की बात, कालिदास की तरह अपनी संस्कृति सभ्यता का ही नाश करने में जुटे हुए हैं। यक्ष प्रश्न यह है कि जब दुनिया भर के देश अपनी मातृभाषा में शिक्षा देकर अपने देश को शक्तिशाली बना रहे हैं, तो भारत में ऐसा क्यों नहीं हो रहा है? देश के युवकों को उनकी मातृभाषा में उच्च तकनीकी, विज्ञान और चिकित्सा शिक्षा देने की व्यवस्था आजादी से अब तक नहीं की गई और न ही इस दिशा में आशा की कोई किरण दिखाई दे रही है। जापान और जर्मनी जैसे छोटे-छोटे देश जब अपनी भाषा में शिक्षा देकर तकनीकी और गैर तकनीकी क्षेत्रों में दुनिया के सिरमौर बने हुए हैं। और हम अपनी जमीन खोने और अपनी जड़ों को नष्ट करने के लिए उतावले हो रहे हैं।

हमारे देश के नागरिकों को यह बताया जाना चाहिए कि स्पेन, पुर्तगाल, फ्रांस, इटली, जर्मनी, हालैंड, रूस, चीन, जापान, अरब देश आदि में शिक्षा का माध्यम अंग्रेजी नहीं है। इन देशों में प्रति 5-7 लाख व्यक्तियों में से एकाध ही टूटी फूटी अंग्रेजी जानता है। अर्थात् वहाँ सबने अपनी अपनी भाषा के माध्यम से प्रगति की है और वे विश्व में किसी से भी पीछे नहीं है। अंग्रेजी की

अनिवार्यता के कारण क्या हमारी प्रतिभा कुंठित नहीं हो रही है? अमेरिका के पूर्व राष्ट्रपति जार्ज बुश ने कहा था कि अमेरिका के प्राथमिक विद्यालयों में हिंदी और अरबी पढ़ाना शुरू करना चाहिए। क्योंकि इन भाषाओ को न जानने के कारण वहाँ के लोग क्या सोच रहे हैं, हम समझ नहीं पाते। अंग्रेज, अंग्रेजी तथा अंग्रेजियत के समक्ष अपने को हीनतम मानने की हमारी प्रवृत्ति सदियों पुरानी है, लेकिन व्यवस्था ने अभी भी उसे बनाए रखा है। बीसवीं शताब्दी के उत्तरार्ध में अनेक देश स्वतंत्र हुए थे तथा इनमें से अनेक ने अभूतपूर्व प्रगति की है। उसके पूर्व चीन, सोवियत संघ और जापान के उदाहरण हैं। जिस भी देश ने अपनी भाषा को महत्व दिया वह अंग्रेजी के कारण पीछे नहीं रहा। रूस ने जब अपना पहला अंतरिक्ष यान स्पुतनिक अंतरिक्ष में भेजा था तब अमेरिका में तहलका मच गया था। उस समय रूस में विज्ञान और तकनीक के जर्नल केवल रूसी भाषा में प्रकाशित होते थे। पश्चिमी देशों को स्वयं उनके अनुवाद तथा प्रकाशन का उत्तरदायित्व लेना पड़ा। चीन की वैज्ञानिक प्रगति कभी भी अंग्रेजी भाषा पर निर्भर नहीं रही है।

राष्ट्र, संस्कृति और अपनी अस्मिता के लिए कटिबद्ध महानुभावों से करबद्ध निवेदन है कि आपसी मतभेदों को दरकिनार कर अपनी भाषा को बचाने के लिए जी जान से ठोस, सार्थक और सफल प्रयास करें। अभी नहीं तो कभी नहीं।

भारतीय संस्कृति में भूषा

भारत संभवतः दुनिया के उन शुरुआती गिने-चुने देशों में से है, जहाँ कपास का उपयोग सबसे पहले किया गया था। कपास का नाम भी भारत से ही विश्व की अन्य भाषाओं में प्रचलित हुआ, जैसे-संस्कृत में 'कर्पस', हिन्दी में कपास', हिब्रू में 'कापस', यूनानी तथा लैटिन भाषा में 'कार्पोसस' आदि। अतः यह कहने में कोई अतिशयोक्ति नहीं है कि हर तरह के परिधानों का आविष्कार भारत में ही हुआ है।

किसी भी इंसान द्वारा उपयोग किये जानेवाले वस्त्रों एवं परिधानों की प्रकृति का निर्धारण किसी भी देश तथा उसके अंचलों के भौगोलिक, ऐतिहासिक, धार्मिक व सांस्कृतिक परिस्थिति के आधार पर किया जाता है, जो कि धीरे-धीरे उस क्षेत्र या स्थान विशेष के फैशन ट्रेंड के रूप में जाना जाने लगता है। लोग किसी ट्रेंड को तभी फॉलो करते हैं, जब वो उसे अपने क्षेत्र की संस्कृति के अनुरूप पाते हैं। इस लिहाज से अगर हम भारत की बात करें, तो न सिर्फ भारत की जलवायु बल्कि लोगों के जीवनयापन के तरीकों में भी काफी विविधता देखने को मिलती है। इसकी वजह से यहाँ के लोगों द्वारा पहने जाने वाले वस्त्रों की प्रकृति में विविधता देखने को मिलती है।

भारतीय संस्कृति में सदियों से वेशभूषा का अपना एक विशिष्ट महत्व रहा है, जो कि भारतीय समाज की विचारधारा को दर्शाता है। हम अगर भारतीय इतिहास पर नजर डालें, तो पायेंगे कि समय-समय पर परिस्थिति अनुसार इसमें कई तरह के बदलाव भी हुए हैं। विभिन्न राजनीतिक और सामाजिक घटकों ने समय-समय पर भारतीयों की वेशभूषा और रहन-सहन

को प्रभावित किया है और यह प्रभाव लंबे समय तक रहा है। बावजूद इसके संपूर्ण विश्व पटल पर भारतीय वेशभूषा अपना अग्रणी स्थान बनाये हुए हैं।

इतिहास

कपड़ों का इतिहास भारत की सिंधु घाटी सभ्यता है जहाँ कपास घूमती, बुना रंगे हैं और था में 5 वीं सहस्राब्दी ईसा पूर्व के लिए वापस चला जाता है। हड्डी सुइयों और लकड़ी स्पिंडल स्थल पर खुदाई में पता लगाया गया है। प्राचीन भारत में कपास उद्योग अच्छी तरह से विकसित किया गया था, और कई विधियों में से आज तक जीवित है। हेरोडोटस, एक प्राचीन यूनानी इतिहासकार भारतीय कपास ऊन सौंदर्य और अच्छाई में "एक से अधिक के रूप में वर्णन किया गया कि भेड़ के"। भारतीय सूती कपड़े इस उपमहाद्वीप के शुष्क, गर्म ग्रीष्मकाल के लिए अच्छी तरह से अनुकूलित किया गया। ग्रांड महाकाव्य महाभारत, लगभग ४०० ई. पू. द्वारा, से बना भगवान कृष्ण का द्रौपदी का बदन नंगा करनेवाला पर उसे एक अंतहीन साड़ी कन्यादान द्वारा लागू बताता है। प्राचीन भारतीय कपड़ों के वर्तमान ज्ञान की सबसे आता है से रॉक मूर्तियों और स्मारकों एलोरा जैसे चित्र में गुफा। इन छवियों को दिखाए नर्तकों और देवी के पहने कपड़े एक धोती लपेटी आधुनिक साड़ी को पूर्ववर्ती प्रतीत होता है। ऊंची जातियों को खुद ठीक मलमल के कपड़े पहने और सोने के गहने पहनाए था। सिंधु सभ्यता भी रेशम उत्पादन की प्रक्रिया जानते थे। मोती में हड़प्पा रेशमी रेशों की हाल ही में विश्लेषण है दिखाया कि सिल्क की प्रक्रिया की चपेट में, केवल चीन के लिए प्रारंभिक शताब्दियों तक विज्ञापन नामक एक प्रक्रिया के द्वारा किया गया था।

प्राचीन भारत में कपड़े की रंगाई एक कला के रूप में प्रचलित थी। पांच प्राथमिक रंग (शुद्ध-वर्नस) की पहचान की गई और जटिल रंगों (मिश्र-वर्नस) द्वारा उनके कई रंग श्रेणी में रखा गया। संवेदनशीलता की छायाओं की सबसे उपजी करने के लिए दिखाया गया था; प्राचीन ग्रंथ, विश्रुध मोंत्तर सफेद, अर्थात् आइवरी, चमेली, अगस्त मून, अगस्त बादलों के पांच टन के बाद बारिश और संध राज्यों। सामान्य रूप से प्रयुक्त रंजक नील, मजीठ लाल और कुसुम थे। मोर्दन्त रंगाई की तकनीक दूसरी सहस्राब्दी ई. पू. के बाद

से भारत में प्रचलित थी। रंगाई का विरोध और कलमकारी तकनीक बेहद लोकप्रिय थी और ऐस`मुख्य वस्त्र निर्यात होते थे।

कश्मीरी शॉल भारतीय कपड़ों के इतिहास के लिए अभिन्न अंग है। कश्मीरी शॉल किस्मों में लोकप्रिय 'अंगूठी शॉल या पश्मीना ऊन शॉल, शामिल हैं। ऊन का वस्त्र पाता है लंबे समय वापस वैदिक के रूप में उल्लेख बार कश्मीर के संबंध में ऋग्वेद सिंध घाटी के भेड़ में प्रचुर मात्रा में होने के रूप में संदर्भित करता है और भगवान पुशन 'बुनकर के कपड़ों के रूप में, को संबोधित किया गया है जो क्षेत्र के ऊन के लिए शब्द पशम में विकसित किया गया। ऊनी शॉल 3 शताब्दी ईसा पूर्व के अफगान ग्रंथों में उल्लेख किया गया है, लेकिन कश्मीर काम करने के लिए संदर्भ १६ वीं सदी ई. में किया जाता है। कश्मीर, जैन-उल-अबिदिन् के सुल्तान आम तौर पर उद्योग की स्थापना के साथ श्रेय दिया जाता है। एक कहानी का कहना है कि रोमन सम्राट औरेलिअन बेहतरीन गुणवत्ता के एशियाई ऊन के बने एक फारसी राजा से, एक बैंगनी पल्लिउम प्राप्त हुआ। शॉल लाल रंग या जामुनी, लाल डाई कोषिनील कीड़े से प्राप्त और बैंगनी लाल और नीले रंग से इंडिगो का एक मिश्रण द्वारा प्राप्त की। सबसे बेशकीमती कश्मीरी शॉल जमवार और कनिका जमवार, रंगीन धागा बुलाया कनी और एक एकल शॉल लेने से अधिक एक वर्ष पूरा होने के लिए और १००-१५०० कनीस विस्तार की डिग्री पर निर्भर करता है कि आवश्यकता के साथ बुनाई अटेरन का उपयोग करके बुना गया।

विभिन्न कालखंडों में वस्त्रों एवं परिधानों का विकास--

भारत में आदि काल से ही श्रेष्ठ वस्त्र-निर्माण कला का विकास हो चुका था। ऋग्वेद में उल्लेख आता है कि माताएं पुत्र के लिए वस्त्र बुनती है। मानव सभ्यता को कपास की खेती तथा उनसे निर्मित सूती वस्त्र भी भारत की ही देन है।

1.सिंधु घाटी सभ्यता काल (2600 से 1400 ईसा पूर्व)

भारतीय वेशभूषा का सर्वप्रथम परिचय हमें सिंधु घाटी से मिले हड़प्पा और मोहनजोदड़ो सभ्यता के प्रागैतिहासिक साक्ष्यों से प्राप्त होता है। हालांकि

सिंधु घाटी सभ्यता में उपयोग किये जानेवाले वस्त्रों के प्रमाण संरक्षित वस्त्रों के रूप में उपलब्ध नहीं हैं, लेकिन पांच हजार वर्ष पूर्व हड़प्पा के अवशेषों में चांदी के गमले में कपास, करघना तथा सूत कातना और बुनती आदिमे इस बात का स्पष्ट प्रमाण हैं कि उस काल के लोग वस्त्र निर्माण की कला से पूरी तरह परिचित थे। सिंधु घाटी सभ्यता के अवशेषों के अलावा चट्टानों की कटाई की मूर्तियां, गुफा चित्रों, मंदिरों और स्मारकों में पाए जाने वाले मानव कला के रूपों से प्राप्त मूर्तियों में भी प्राचीन भारतीय कपड़ों के अवशेष प्राप्त हुए हैं।

हड़प्पा सभ्यता के निवासी वस्त्र निर्माण के लिए कपास का उपयोग करते थे। कई अन्य देशों में इन वस्त्रों का बहुतायात में निर्यात भी किया जाता था। भारत संभवतः दुनिया के उन शुरुआती गिने-चुने देशों में से है, जहाँ कपास का उपयोग सबसे पहले किया गया था। कपास का नाम भी भारत से ही विश्व की अन्य भाषाओं में प्रचलित हुआ, जैसे-संस्कृत में 'कर्पस', हिन्दी में 'कपास', हिब्रू में 'कापस', यूनानी तथा लैटिन भाषा में 'कार्पोसस' आदि। अतः यह कहने में कोई अतिशयोक्ति नहीं है कि हर तरह के परिधानों का आविष्कार भारत में ही हुआ और आज के आधुनिक परिधान प्राचीन भारतीय परिधानों का ही विकसित रूप हैं।

हड़प्पा और मोहनजोदड़ो की खुदाई में प्राप्त मूर्तियों को देख कर इस कालखंड में प्रचलित वस्त्रों का अनुमान लगाया जा सकता है। एक मनुष्य की मूर्ति प्राप्त हुई है, जो एक लंबी चादर पहने हुए है, जो कि संभवतः बैठने पर पैरों पर पहुँच जाती थी। इस चादर से उसकी छाती ढंकी है और उसका एक सिरा बाएं कंधे पर डाल दिया गया है, जबकि बायां हाथ खाली है। हालांकि चादर पहनने या ओढ़ने का यह ढंग अनियमित था, क्योंकि विभिन्न मूर्तियों में इसकी शैली में भिन्नता देखने को मिलती है। कुछ समुदायों में पगड़ी पहनने का प्रचलन भी था, क्योंकि कुछ पुरुष मूर्तियां ऐसी वेशभूषा में भी मिली हैं।

हड़प्पा और मोहनजोदड़ो से अभी तक जो सामग्री मिली है, उनके आधार पर यह कहना मुश्किल है कि उस काल में लोग सिले हुए वस्त्रों से

परिचित थे या नहीं। अब तक केवल एक ऐसी मूर्ति मिली है, जो कमीज जैसा वस्त्र पहने है, जिसके चारों ओर कमर पर एक डोरी बंधी हुई है। हड़प्पा और मोहनजोदड़ो में प्राप्त मिट्टी की मूर्तियों के धड़ अधिकतर निर्वस्त्र दीखते हैं।

महिलाएँ सामान्यत: घुटने तक लंबी संकरी स्कर्टनुमा पोशाक पहनती थीं, जिसे कमर से बांधने के लिए मेखला पहनने का चलन था। यह मेखला लड़ी, मनकों, सादे कपड़े, बुने कपड़े के फूदने आदि से बनी होती थी। मिट्टी की एक स्त्री मूर्ति घोघी पहने दिखती है, जिसके पीछे स्त्री के हाथ छिपे हैं और वह लंगोटी सा स्कर्टनुमा आवरण निचले छोर तक नहीं पहुँचता। स्त्री-पुरुष दोनों ही पंखे के आकार का एक शिरोवस्त्र पहनते थे।

सिंधु घाटी सभ्यता में सूत कातने और उन्हें रंगने के प्रमाण भी मिलते हैं। सूती वस्त्र उद्योग पर्याप्त विकसित थी। उस समय प्रयुक्त हो रहे कुछ तरीके आज भी चलन में हैं। उस समय तक पांच तरह के मूल रंगों की पहचान कर ली गई थी, जिन्हें शुद्ध वर्ण कहा जाता था। इंडिगो और सैफ्लावर सामान्य रूप से प्रचलित रंग थे। इन्हें विभिन्न मात्राओं में मिला कर नए रंग बनाए जाते थे, जिन्हें मिश्रित वर्ण कहते थे। आम तौर पर कपड़ों के लिए कपास, सन, रेशम, ऊन, लिनन, चमड़े आदि का इस्तेमाल होता है। अवशेषों में शामिल लाल रंग की मधुशाला से रंगा हुआ रंगीन कपड़े का एक टुकड़ा यह दर्शाता है कि हड़प्पा सभ्यता के लोग अपने सूती कपड़े रंगों से रंगा करते थे।

2. वैदिक काल (1500 और 500 ईसा पूर्व)

वैदिक साहित्य में भी सूत कातने तथा अन्य प्रकार के साधनों के प्रयोग के उल्लेख मिलते हैं। ऋग्वेद काल में उन्नत श्रेणी के वस्त्रों का निर्माण होने लगा था, जो प्राय: स्त्रियों द्वारा बुने जाते थे। ऋग्वेद में उल्लेख आता है कि 'माताएँ पुत्र के लिए वस्त्र बुनती है।' इस प्रकार भारत में आदि काल से ही श्रेष्ठ वस्त्र-निर्माण कला का विकास हो चुका था।

ऋग्वेद में अनेक प्रकार के वस्त्रों का उल्लेख मिलता है। वस्त्र निर्माण के साथ-साथ लोग उसे बुनना और अन्य धातुओं के तारों से (यथा सोने के तार) सजाना भी जानते हैं। ऋग्वेद में एक शब्द प्रयुक्त हुआ है-'पेशस'।,

जिसका अर्थ है नर्तकियों द्वारा पहना जानेवाला जरी का काम किया हुआ वस्त्र। इससे यह विदित होता है कि ऋग्वेद काल में ऋषि न केवल साधारण कपड़े की बुनाई से परिचित थे, बल्कि जरी युक्त कपड़ों को बुनने की उनकी कला में भी निष्णात थे।

ऋषि ऊन को उत्तर से प्राप्त करता था। ऊन के लच्छों को 'परुष' कहते थे एवं नदी के किनारे भेड़ें बहुत पाली जाती थीं, इसलिए उस नदी का नाम परुष्णी पड़ गया। ऋग्वेद में एक स्थान पर यह उल्लेख है कि मरुत परुष्णी के ऊपर से आ रहे है और ऊनी वस्त्र पहने हुए हैं। इसी सूक्त में मरुतों के लिए 'पारावता' विशेषण प्रयुक्त हुआ है जिसका अर्थ होता है दूर देश से आने वाला। इससे यह स्पष्ट होता है कि उस वक्त अन्य देशों के साथ भी भारत का व्यापार संबंध था।

महिलाओं और पुरूषों के शरीर का ऊपरी भाग निर्वस्त्र रहता था। सिले हुए कपड़े पहनने का प्रचलन नहीं था, क्योंकि सिलाई को अपवित्र समझा जाता था। सबसे पहले कपड़े को जांघिया के रूप में पहना गया, जिससे पुरूष अपने निजी अंगों को ढंकते थे। 'कुर्ला' और 'अन्प्रतिधि' नामक अंगवस्त्रों का उल्लेख ऋगवेद में मिलता है।

अथर्ववेद में, वस्त्रों के आंतरिक आवरण, बाहरी आवरण और छाती–आवरण के रूप में बने होने उल्लेख मिलता है। शरीर के अन्य भागों को ढंकने के लिए निवी, वार्वरी, उपवासान, कुम्बा, उंल्सा, और टर्टल का उल्लेख अथर्ववेद में शामिल है, जो कि अंडरवियर, ऊपरी वस्त्र, घूंघट और आखिरी तीन कुछ प्रकार के सिर–पोशाक को दर्शाते हैं।

सबसे पहले यजुर्वेद में 'साड़ी' शब्द का उल्लेख मिलता है। ऋग्वेद की संहिता के अनुसार यज्ञ या हवन के समय पत्नी के साड़ी पहनने का विधान है और विधान के क्रम से ही साड़ी जीवन का एक अभिन्न हिस्सा बनती चली गई। पौराणिक ग्रंथ महाभारत में द्रौपदी के चीरहरण के प्रसंग से सिद्ध होता है कि साड़ी लगभग 3500 ईसा पूर्व से ही प्रचलन में है। हिन्दू धर्म, जैन धर्म तथा बौद्ध धर्म का स्पष्ट प्रभाव इसमें देखा जा सकता है।

यूरोपवासियों को कपास की जानकारी ईसा से 350 वर्ष पूर्व सिकंदर महान के सैनिकों के माध्यम से हुई थी। उस समय तक सभी वर्गों के लोग (देवता, मुनि, ब्राहण आदि) लोग अपने शरीर को ढंकने के लिए जानवरों की खालों का उपयोग किया करते थे।

3. मौर्य वंश (322–185 ईसा पूर्व)

मौर्य काल में भारतीय संस्कृति ने काफी उन्नति की। हालांकि इस युग की वेशभूषा की जानकारी हमें उस कालखंड में लिखे गये इतिहास से मिलती हैं, क्योंकि उस युग की प्राप्त मनुष्य मूर्तियों की संख्या बेहद कम है। इस युग की राजव्यवस्था और सामाजिक व्यवस्था का सुंदर निरूपण हमें 'महाभारत' सभा–पर्व और कौटिल्य द्वारा लिखित 'अर्थशास्त्र' से मिलता है। इन ग्रंथों से यह भी पता चलता है कि उस दौर में भारत और मध्य एशिया के बीच व्यापारिक संबंध थे। चीन, बलख, अफगानिस्तान और तजाकिस्तान से यहाँ रेशमी व ऊनी कपड़े, खालें और समूर का आयात होता था। मौर्य शासन और यूनानियों के आक्रमण के समय भी लोग वैदिक युग में प्रचलित कपड़ों को पहनते थे।

आम लोग प्राय: खालों से निर्मित वस्त्र ही धारण करते थे, जबकि 'शतपथ ब्राह्मण' में उल्लेखित सोम वस्त्रों को प्राचीन राजाओं का परिधान माना गया है, जिसे वे यज्ञ विधियों को संपन्न करने के दौरान धारण किया करते थे। इन परिधानों में 'उष्णीव', 'चादर' और 'धोती' मुख्य थी। हालांकि उनके पहनने की किसी निश्चित शैली के बारे में कोई विशेष जानकारी उपलब्ध नहीं है। इस दौर की महिला पोशाक की स्पष्ट झलक हमें मौर्य काल में प्राप्त यक्षिणी की मूर्ति से मिलती है। कहीं–कहीं घाघरा के प्रचलन में आने के प्रमाण भी मिलते हैं, जिसके साथ ऊपरी भाग को ढकने के लिए महिलाएँ कंचुका पहनती थी। यह कवच की तरह का होता था।

4. गुप्त काल (320 ईस्वी से 550 ईस्वी)

भारतीय इतिहास में गुप्त काल भारत का 'स्वर्ण काल' कहा जाता है। सम्राट चंद्रगुप्त इस साम्राज्य के संस्थापक थे। सिले वस्त्र इस काल में बहुत लोकप्रिय हुए।

गुप्त वंश के शासन के दौरान महिलाओं में तौलिया लपेटने की जगह लहंगा पहनने की शुरूआत हुई, परंतु रानी और शाही परिवार की स्त्रियां इस मामले में रूढिवादी बनी रही। तौलिया लपेटने की शैली आज भी महाराष्ट्र और दक्षिण भारत की स्त्रियों के पहनावे में देखी जा सकती है। पुरुषों की बात करें, तो कालांतर में जांघिया शैली ने ही लुंगी शैली का रूप ले लिया। उत्तरी और पूर्वी भारत के पुरूषों में लुंगी पहनने की शैली का विकास हुआ।

5. मुगल काल (1526 ईस्वी से 1857 ईस्वी तक)

भारत में कश्मीर से लेकर कन्याकुमारी और राजस्थान से लेकर नागालैंड तक के परिधान विदेशी संस्कृतियों के यहाँ आकर बसने से प्रभावित होते रहे हैं। जहाँ उत्तर-पूर्वी राज्यों में मंगोल जाति के पहनावे का असर दिखता है। वहीं उत्तर-पश्चिम के राज्यों में यूनानियों, अफगानियों और मध्य एशिया के देशों के परिधानों का प्रभाव दिखता है। भारतीय वस्त्रों के कलात्मक पक्ष और गुणवत्ता के कारण उन्हें अमूल्य उपहार माना जाता था। खादी से लेकर सुवर्णयुक्त रेशमी वस्त्र, रंग-बिरंगे परिधान, ठंड से पूर्णतः सुरक्षित सुंदर कश्मीरी शॉल भारत के प्राचीन कलात्मक उद्योग का प्रत्यक्ष प्रमाण थे, जो ईसा से 200 वर्ष पूर्व विकसित हो चुके थे। कई प्रकार के गुजराती छापों तथा रंगीन वस्त्रों का मिस्र में फोस्तात के मकबरे में पाया जाना भारतीय वस्त्रों के निर्यात का प्रमाण है।

भारत में जातीयता, भूगोल, जलवायु और क्षेत्र की सांस्कृतिक परंपराओं के आधार पर भिन्न-भिन्न प्रकार के वस्त्र धारण किये जाते हैं। ऐतिहासिक दृष्टि से, पुरुष और महिला कपड़े सरल लंगोट से विकसित किया गया है, और (लाँगक्लॉथ)विस्तृत परिधान के लिए शरीर को ढकने (कवर) के लिए साथ ही उत्सव के मौके अनुष्ठान और नृत्य प्रदर्शन और दैनिक पहनने में इस्तेमाल किया। शहरी क्षेत्रों में, पश्चिमी कपड़े आम और समान्य रूप से सभी सामाजिक स्तर के लोगों द्वारा पहना जाता है। भारत एक महान विविधता युक्त देश है यहाँ वीव, फाइबर, रंग और कपड़े की सामग्री है। रंग कोड के धर्म और रस्म संबंध पर आधारित कपड़ों में पीछा कर रहे हैं। उदाहरण के लिए, हिंदू देवियों की पोषाक लाल हरी विविध रंगों की होती है पारसी और ईसाई

की शादियों के लिए सफेद कपड़े पहनते हैं, जबकि इंगित करने के लिए सफेद कपड़े पहनते हैं। भारत में कपड़े भी भारतीय कढ़ाई की विस्तृत विविधता शामिल हैं।

पारंपरिक कपड़े

मानव सभ्यता को कपास की खेती तथा उनसे निर्मित सूती वस्त्र भी भारत की ही देन है। 5 हजार वर्ष पूर्व हड़प्पा के अवशेषों में चांदी के गमले में कपास, करघना तथा सूत कातना और बुनती का पाया जाना इस कला की पूरी कहानी दर्शाता है। वैदिक साहित्य में भी सूत कातने तथा अन्य प्रकार के साधनों के प्रयोग के उल्लेख मिलते हैं। यूरोपीय लोगों को कपास की जानकारी ईसा से 350 वर्ष पूर्व सिकंदर महान के सैनिकों के माध्यम से हुई थी, तब तक यूराप के लोग जानवरों की खालों से तन ढकते थे। कपास का नाम भी भारत से ही विश्व की अन्य भाषाओं में प्रचलित हुआ, जैसे कि संस्कृत में कर्पस, हिन्दी में कपास, हिब्रू में कापस, यूनानी तथा लेटिन भाषा में कार्पोसस। इसलिए यह कहना कि हर तरह के परिधानों का आविष्कार भारत में ही हुआ और भारतीय परिधानों का विकसित रूप ही हैं आज के आधुनिक परिधान, तो कोई अतिशयोक्ति नहीं होगी।

भारतीय वस्त्रों के कलात्मक पक्ष और गुणवत्ता के कारण उन्हें अमूल्य उपहार माना जाता था। खादी से लेकर सुवर्णयुक्त रेशमी वस्त्र, रंग-बिरंगे परिधान, ठंड से पूर्णतः सुरक्षित सुंदर कश्मीरी शॉल भारत के प्राचीन कलात्मक उद्योग का प्रत्यक्ष प्रमाण थे, जो ईसा से 200 वर्ष पूर्व विकसित हो चुके थे। कई प्रकार के गुजराती छापों तथा रंगीन वस्त्रों का मिस्र में फोस्तात के मकबरे में पाया जाना भारतीय वस्त्रों के निर्यात का प्रमाण है।

परिधान का आविष्कार तो भारत में ही हुआ, लेकिन ग्रीक, रोमन, फारस, हूण, कुषाण, मंगोल, मुगल आदि के काल में भारतीय परिधानों की वेशभूषा में परिवर्तन होते रहे। हालांकि परिवर्तन के चलते कई नए वस्त्र में प्रचलन में आए और पहले की अपेक्षा भारतीयों ने इनमें खुद को ज्यादा आरामदायक महसूस भी किया लेकिन अंग्रेजों के काल में भारतीयों की वेशभूषा बिलकुल ही बदल गई।

पेंट, शर्ट, कोट और जींस को हम आधुनिक परिधान कहते हैं, पाश्चात्य नहीं। आधुनिकता और पाश्चात्यता में फर्क है। औद्योगिक क्रांति के दौर में ऐसे कई परिधान, वस्त्र या ड्रेस विकसित हुए जिन्हें आज हम पश्चिमी सभ्यता की देन कहते हैं। हालांकि हर तरह के परिधान पहनने में किसी भी प्रकार का कोई गुरेज नहीं, लेकिन यह भी समझना जरूरी है कि हम क्यों पहनते हैं वैसे परिधान, जो हमारी संस्कृति से मेल नहीं खाते हैं?

भाषा, भूषा, भोजन और भजन से ही हमारी पहचान है। मुगल और अंग्रेजों ने पहले हमारी भाषा बदली, फिर हमारी भूषा बदली और अब हम मुगल, पाश्चात्य संगत, संगीत के दीवाने हैं। पिज्जा बर्गर, कोला और बीयर पी-खाकर खुद को आधुनिक समझते हैं। बाजार से भारतीय व्यंजन, पेय पदार्थ और देसी तड़का लगभग गायब हो गया है।

प्राकृतिक जीवन के सिद्धांत को देखा जाए तो पोशाक के संबंध में हमारे भारतीय मनीषियों को इसकी गहरी समझ थी। वे इसके मनोविज्ञान को जानते थे। वे प्रकृति के इस नियम को जानते थे कि शारीरिक और मानसिक स्वास्थ्य के लिए वायु, सूर्य और प्रकाश का हमारी देह से जितना संपर्क होता रहे, उतना ही अच्छा है।

जब स्त्री अधिक तंग वस्त्र पहनती हैं तो इनके रोम छिद्रों से ऑक्सीजन ग्रहण नहीं की जाती है जिसके परिणामस्वरूप त्वचा में मेलोनिन का स्तर गिरने लगता है। यही नहीं, पुरुषों और स्त्रियों में कई रोगों का कारण ही ये तंग वस्त्र बन सकते हैं। जांघ व बाजू पर अधिक तंग वस्त्र तनाव, अवसाद, अनिद्रा, मोटापा, अल्सर आदि को बुलावा देते हैं। नाभि पर तंग कपड़ों से अफरा, गैस, कोलायटिस, कब्ज, बवासीर आदि हो सकता है। छाती पर तंग वस्त्र हृदयरोग, श्वास फूलना आदि का कारण बन सकते हैं। त्वचा पर अत्यधिक रोम छिद्र होते हैं जिनसे कि त्वचा ऑक्सीजन लेती है। इसी तरह परिधान के संबंध में ऐसी कई बातें हैं, जो यहाँ उल्लेखित की जा सकती है।

खैर...! अब हम यह बताएंगे कि हिन्दू धर्म में प्रत्येक कार्य, मौसम आदि के लिए अलग-अलग परिधानों का प्रावधान है। यदि आप उक्त परिधान या पोशाकों को पहनते हैं तो आपको अच्छा महसूस होगा। हालांकि

हम यह भी बताएंगे कि अब कौन से परिधान या पहनावे प्रचलन से बाहर हो गए हैं।

सिर का पहनावा: सिर के पहनावे को कपालिका, शिरस्त्राण, शिरावस्त्र या शिरोवेष कहते हैं। यह कपालिका कई प्रकार की होती है। प्रत्येक प्रांत में यह अलग-अलग किस्म, नाम, रंग और रूप में होती है। राजा-महाराजाओं के तो एक से एक स्टाइल के टोप, पगड़ी या मुकुट हुआ करते थे लेकिन हम सामान्यजनों द्वारा पहने जाने वाले कपालिका के बारे में ही बात करेंगे। यहाँ ध्यान रखने वाली बात यह है कि टोपी और पगड़ी में फर्क होता है।

साफा: यदि हम साफे की बात करें तो मालवा में अलग प्रकार का और राजस्थान में अलग प्रकार का साफा बांधा जाता है। इसे पगड़ी या फेटा भी कहते हैं। महाराष्ट्र, पंजाब, हरियाणा, गुजरात में यह अलग होता है, तो तमिलनाडु में अलग। प्राचीनकाल और मध्यकाल में लगभग सभी भारतीय यह पहनते थे। राजस्थान में भी मारवाड़ी साफा अलग तो सामान्य राजस्थानी साफा अलग होता है। मुगलों ने अफगानी, पठानी और पंजाबी साफे को अपनाया। सिखों ने इन्हीं साफे को जड्डे में बदल दिया, जो कि उन्हें एक अलग ही पहचान देता है।

राजस्थान में राजपूत समाज में साफों के अलग-अलग रंगों व बांधने की अलग-अलग शैली का इस्तेमाल समय-समय के अनुसार होता है, जैसे युद्ध के समय राजपूत सैनिक केसरिया साफा पहनते थे अत: केसरिया रंग का साफा युद्ध और शौर्य का प्रतीक बना। आम दिनों में राजपूत बुजुर्ग खाकी रंग का गोल साफा सिर पर बांधते थे तो विभिन्न समारोहों में पचरंगा, चुंदड़ी, लहरिया आदि रंग-बिरंगे साफों का उपयोग होता था। सफेद रंग का साफा शोक का पर्याय माना जाता है इसलिए राजपूत समाज में सिर्फ शोकग्रस्त व्यक्ति ही सफेद साफा पहनता है।

मांगलिक और धार्मिक कार्यों में साफा: आज भी मांगलिक या धार्मिक कार्यों में साफा पहने जाने का प्रचलन है जिससे कि किसी भी प्रकार के रस्मोरिवाज में एक सम्मान, संस्कृति और आध्यात्मिकता की पहचान होती है। इसके और भी कई महत्व हैं। विवाह में घराती और बाराती पक्ष के सभी लोग

यदि साफा पहनते हैं तो विवाह समारोह में चार चांद लग जाते हैं। इससे समारोह में उनकी एक अलग ही पहचान निर्मित होती है।

टोपी: टोपी सिर का एक ऐसा पहनावा है, जो कि अधिकतर भारतीय हमेशा पहने रखते हैं। जिस गांधी टोपी को गांधी टोपी कहा जाता है, गांधीजी ने उसे कभी नहीं पहना होगा। दरअसल, यह महाराष्ट्र के गांवों में पहनी जाने वाली टोपी है। इसी तरह हिमाचली टोपी, नेपाली टोपी, तमिल टोपी, मणिपुरी टोपी, पठानी टोपी, हैदराबादी टोपी आदि अनेक प्रकार की टोपियां होती हैं।

कुर्ता एवं पायजामा: भारतीय सनातन संस्कृति का विशेष वस्त्र है कुर्ता एवं पजामा (पायजामा)। यह प्रत्येक प्रांत में अलग-अलग शैली में पहना जाता है। कुर्ते को अफगानिस्तान में पैरहन, कश्मीर में फिरान और नेपाल में दौरा के नाम से जाना जाता है। राजस्थानी, भोपाली, लखनवी, मुल्तानी, पठानी, पंजाबी, बंगाली, हर कुर्ते की डिजाइन अलग होती है।

सलवार एवं कुर्ती: जिस तरह पुरुष कुर्ता और पायजामा पहनते हैं उसी तरह महिलाएँ कुर्ती और पायजामे (सलवार) के साथ चुनरी, ओढ़नी या दुपट्टा भी पहनती हैं। यह महिलाओं के लिए अलग शैली में निर्मित होता है। पंजाबी शैली, उत्तर भारतीय शैली (स्टाइल) आदि में निर्मित सलवार-कुर्ती महिलाओं के लिए सबसे उत्तम वस्त्र माना गया है।

जम्मू और कश्मीर में ठंड अधिक होने के कारण वहाँ की महिलाएँ व पुरुष 'पैरहन' पहनते हैं। यह पोशाक पहाड़ी इलाकों में काफी प्रसिद्ध है। कश्मीर की महिलाएँ सिर को दुपट्टे से ढंककर पीछे से बांध लेती हैं। हालांकि वर्तमान में कट्टरपंथ के चलते वहाँ कश्मीरियत को छोड़कर अरबी संस्कृति के पहनावे पर जोर दिया जा रहा है। 'सलवार' नामक चौड़े पायजामे से पैर ढंका रहता था जबकि ऊपरी हिस्से में पूरे बांह की कमीज पहनी जाती थी। इसके ऊपर एक छोटा अंगरखा कोट होता था जिसे सदरी कहते थे। बाहरी लबादे को चोगा कहते थे, जो नीचे टखनों तक आता था। इसकी एक लंबी, ढीली आस्तीन होती थी और एक कमरबंद होता था। सर की पोशाक एक छोटे कपड़े से ढंकी छोटी चुस्त टोपी से बनी होती थी। इसी से पगड़ी बनती थी।

कुर्ता और पायजामा पहनने से शरीर के चारों ओर दीर्घ वृत्ताकार (दीप की ज्योति समान) कवच निर्मित होता है। इसे पहनने से व्यक्ति आरामदायक अनुभव (कंफर्ट फिल) करता है। सेहत, शांति और मन की प्रसन्नता के लिए यह सबसे उत्तम वस्त्र है। कुर्ते सूती, ऊनी और रेशमी सभी तरह के सामग्रियों में मिलते हैं। कुर्ते के कई परिवर्धित रूप हैं जिनमें शेरवानी, पठानी सूट इत्यादि प्रचलित हैं।

धोती: प्राचीनकाल से ही भारत में पुरुषों द्वारा साधारणत: धोती, अंतरिय (शरीर के निचले हिस्से में लपेटा हुआ वस्त्र), उतरिय (शरीर के ऊपरी हिस्से में लपेटा हुआ वस्त्र), कमरबंध (जैसा कि नाम से जाहिर है कमर से बांधा हुआ) और पगड़ी पहने जाते थे। अंतरिय कमर पर कायाबंध द्वारा टिकाया जाता था, जो कि अक्सर सामने से कमर के मध्य भाग में बांधा जाता था। महिलाएँ धोती, साड़ी, स्तनपट्टा (स्तनों को संभाले रखने के लिए) पहनती थीं। उपरोक्त वस्त्रों की खासियत यह थी कि ये सिले हुए नहीं होते थे, लेकिन बाद में इन वस्त्रों को पहनने के तरीके में काफी बदलाव आए। सबसे पहले धोती के ऊपर के वस्त्र में बदलाव आया। उतरिय वस्त्र की जगह कुर्ता पहने का प्रचलन हुआ।

पहले पायजामे की जगह धोती पहनने का प्रचलन था। पुरुषों के लिए धोती एक ऐसा परिधान था, जो उत्तर और दक्षिण भारत में एकसाथ प्रचलित था। धोती को पहनने की स्टाइल अलग-अलग थी। दक्षिण भारत में तो आज भी अधिकतर लोग धोती ही पहनते हैं।

पायजामे की अपेक्षा रेशमी धोती अधिक सात्विक मानी गई है। उसे धारण करने से जीव की देह के सर्व ओर सूक्ष्म गोलाकार कवच निर्मित होता है। इससे जीव के लिए देवता के तारक-मारक एवं सगुण-निर्गुण दोनों तत्व ग्रहण करना सुलभ हो जाता है। उत्तर भारत में धोती को अब विशेष अवसरों पर ही पहना जाता है, जैसे किसी यज्ञ, पूजा या मांगलिक कार्य में। पहले धोती का रंग सिर्फ सफेद ही होता था लेकिन अब अच्छे से कास्तकारी की गई रंगीन धोती भी प्रचलन में है। त्यौहार, यज्ञ, उपनयन, विवाह, वास्तु शांति

जैसी धार्मिक विधि के समय इसे पहना जाता है, हालांकि आजकल यह प्रचलन से बाहर है।

दक्षिण भारत में पहने जाने वाली पोशाकें सूती वस्त्र से बनाई जाती हैं, जो काफी हल्की होती हैं। पुरुष लुंगी और कमीज के साथ अंगवस्त्र (कंधे पर रखा जाने वाला कपड़ा) को लेते हैं।

साड़ीः यजुर्वेद में सबसे पहले 'साड़ी' शब्द का उल्लेख मिलता है। ऋग्वेद की संहिता के अनुसार यज्ञ या हवन के समय पत्नी के साड़ी पहनने का विधान है और विधान के क्रम से ही साड़ी जीवन का एक अभिन्न हिस्सा बनती चली गई। पौराणिक ग्रंथ महाभारत में द्रौपदी के चीरहरण के प्रसंग से सिद्ध होता है कि साड़ी लगभग 3500 ईसा पूर्व से ही प्रचलन में है। हिन्दू धर्म, जैन धर्म तथा बौद्ध धर्म का स्पष्ट प्रभाव इसमें देखा जा सकता है।

साड़ी को कुछ क्षेत्र में 'सारी' भी कहा जाता है। यह भारतीय स्त्री का मुख्य परिधान है। दक्षिण भारत में इसका ज्यादा प्रचलन है। दक्षिण भारतीय महिलाएँ कॉटन और सिल्क से बनी रंग-बिरंगी साड़ियाँ पहनती हैं। ये साड़ियाँ दक्षिण भारत के केरल, कर्नाटक और तमिलनाडु में रहने वाली अधिकतर महिलाएँ पहनती हैं। केरल की महिलाएँ सेट्टू मंडु (Settu Mundu) भी पहनती हैं।

पश्चिम भारत में सलवार-कुर्ती का प्रचलन ज्यादा है जबकि उत्तर भारत में दोनों ही का प्रचलन है। पूर्वोत्तर में भी साड़ी और इससे ही मिलता-जुलता वस्त्र पहना जाता है। साड़ी को विश्व के सबसे लंबे और पुराने परिधानों में से गिना जाता है।

मुंदुम नेरियथुम साड़ी केरल की पारंपरिक पोशाक है। दक्षिण भारत में महिलाओं के शरीर के निचले हिस्से को ढंकने के इसका इस्तेमाल प्राचीनकाल से चला आ रहा है। मंदु मूल पारंपरिक टुकड़ा है या कम कपड़ों की साड़ी का प्राचीन रूप है।

पूर्वोतर भारत का पहनावा आपको अनोखा लग सकता है। मिजोरम की लड़कियां पुंचई (Puanchei) नाम की पारंपरिक पोशाक पहनती हैं, खासतौर

पर इस ड्रेस को शादी और त्यौहार के अवसर पर पहना जाता है, वहीं असम में महिलाएँ मेखला छादर या मेखेल सदोर (Mekhla Chadar) पहनती हैं। इसे दो हिस्सों में पहना जाता है। मेघला को कमर पर लपेटा जाता है और छादर को ओढ़ा जाता है। यहाँ के पुरुष धोती गमोसा अर्थात गमछा (Dhoti- Gamosa) पहनते हैं।

परिवर्तनः साड़ी पहनना और उसे शरीर पर संभालकर रखना बहुत ही कठिनाइयों भरा है। प्राचीनकाल में महिलाएँ अच्छे से गंठी गई चोली और छोटी स्टाइल का घाघरा ही पहनती थीं लेकिन कालांतर में उसके ऊपर साड़ी पहनने का प्रचलन शुरू हो गया। दूसरी शताब्दी ई.पू. की मूर्तियों में पुरुषों और स्त्रियों के शरीर के ऊपरी भाग को अनावृत दर्शाया गया है। ये कमर के इर्द-गिर्द साड़ी इस प्रकार लपेटे हुए हैं कि पैरों के बीच सामने वाले भाग में चुन्नटें बन जाती हैं। इसमें 12वीं सदी तक कोई खास परिवर्तन नहीं हुआ। भारत के उत्तरी और मध्य भाग को जीतने के बाद मुगलों ने जोर दिया कि शरीर को पूरी तरह से ढका जाए।

घाघराः घाघरे को पेटीकोट भी कहते हैं। इसे लगभग पूरे उत्तर भारत और नेपाल में भी पहना जाता है। इसे चोली और दुपट्टे के साथ पहनते हैं। साड़ी के साथ अंतरवस्त्रों में अधोवस्त्र घाघरा होता है जिसके ऊपर साड़ी को लपेटकर कसा जाता है। हालांकि पेटीकोट के स्थान पर महिलाएँ शेपवेयर पहनने लगी हैं, जो कि बहुत ही तंग होता है। यह नुकसानदायक भी हो सकता है।

चोली और ब्लाउजः वक्षबंधनी को चोली भी कहते हैं। भारतीय चोली का ही विकसित रूप है 'ब्रा' या 'ब्रेजियर'। अब महिलाएँ चोली नहीं पहनती हैं। वे 'ब्रा' ही पहनती हैं। चोली के पीछे है इतिहास 2000 साल पुराना। गुजरात और महाराष्ट्र में ईसा के जन्म से भी पहले की पेंटिंग्स में चोली को देखा गया। चोली का मकसद था औरत के स्तनों को ढंकना। आधुनिक ब्लाउज का जन्म इसी से हुआ। स्तनों पर चोली और चोली के ऊपर ब्लाउज पहना जाता है। राजस्थानी महिलाएँ इसे घाघरे के साथ पहनती थीं, जो आगे

से ढंकी होती थीं और पीछे से बांधने के लिए इनमें डोरी होती थी। चोली का डिजाइन कल्चर्स के साथ बदलता रहता है।

हालांकि कुछ लोग कहते हैं कि विक्टोरिया युग में बंगाल में कुछ महिलाएँ अपनी साड़ी के भीतर ब्लाउज नहीं पहना करती थीं, उनका वक्षस्थल बेलिबास ही हुआ करता था। विक्टोरियाई समाज को ये पसंद नहीं था। शराफत को लेकर उसके पैमाने अलग थे और आहिस्ता-आहिस्ता ब्लाउज का चलन शुरू हो गया, हालांकि यह गलत है। भारतीय महिलाएँ प्राचीनकाल से ही बिना सिली चोली पहनती आई हैं। केरल और बंगाल को छोड़ दें तो लगभग सभी जगह चोली पहनी जाती थी।

साड़ी पहनने के कई तरीके हैं, जो पारंपरिक मूल्यों और रुचियों पर निर्भर करता है। अलग-अलग शैली की साड़ियों में कांजीवरम साड़ी, बनारसी साड़ी, पटोला साडी और हकोबा मुख्य हैं। मध्यप्रदेश की चंदेरी, महेश्वरी, मधुबनी छपाई, असम की मूंगा रेशम, उड़ीसा की बोमकई, राजस्थान की बंधेज, गुजरात की गठोडा, पटौला, बिहार की तसर, काथा, छत्तीसगढ़ी कोसा रेशम, दिल्ली की रेशमी साड़ियाँ, झारखंडी कोसा रशम, महाराष्ट्र की पैठणी, तमिलनाडु की कांजीवरम, बनारसी साड़ियाँ, उत्तरप्रदेश की तांची, जामदानी, जामवर एव पश्चिम बंगाल की बालूछरी एवं कांथा टगैल आदि प्रसिद्ध साडियाँ हैं।

लहंगा: घाघरा का आधुनिक स्वरूप है स्कर्ट और लहंगा। लहंगा जो महिलाओं के लिए पोशाक होती है। यह ज्यादातर ग्रामीण क्षेत्रों में पहना जाता है। शहरों में डिजाइन वाले लहंगे, चोली और चुनरी एक साथ विवाह आदि समारोह में पहने जाते हैं, जो कि बहुत ही महंगे होते हैं। आमतौर पर महिलाएँ कुर्ती के साथ लहंगा पहनती हैं।

गरारा सूट: गरारे का जन्म लखनऊ में हुआ। यह भारतीय लहंगा, चुनरी और कुर्ती का एक नया रूप है। अवध के नवाबों और तालुकदारों की पत्नियां इन्हें पहना करती थीं। गरारा का घेर कमर से शुरू होता है और घुटनों पर इनमें छोटी-छोटी प्लीट्स होती हैं जिसकी वजह से घुटनों पर इनका घेर बढ़ जाता

है। ट्रेडिशनल गरारे की 1 टांग बनाने में ही 12 मीटर कपड़ा लगता है। इसे पहनने वाली औरतें सड़क पर महंगे सिल्क का पोंछा लगाते हुए चलती थीं।

बंडी: बंडी को कोटी भी कहते हैं। जैकेट, ब्लेजर, शेरवानी या कोट इसी का विकसित रूप है। बिना आस्तीन की एक प्रकार की कुरती को कोटी और बगलबंद नाम के पहनने के कपड़े को बंडी कह सकते हैं। हमारे माननीय प्रधानमंत्री मोदी बंडी पहनते हैं।

हाफ बांह वाली महिलाओं की कोटी उनकी कमर के ऊपर तक की ही होती है, जबकि पुरुषों की कोटी जंघा तक होती है। हालांकि बंडी का प्रचलन कब से शुरू हुआ, यह बताना मुश्किल है लेकिन जैकेट का प्रचलन 15वीं या 16वीं सदी में शुरू हुआ था। चमड़े की जैकेट अंग्रेज सैनिक पहनते थे।

लुंगी: इसे सारौंग भी कहते हैं। इसे कमर पर लपेटकर कसा जाता है। इसे कमर में लपेटने वाला बड़ा अंगोछा या तहमद भी कहते हैं। दक्षिण भारत में लुंगी प्रचलित है। खासकर आंध्र और तेलंगाना में भी इसका प्रचलन है। यह धोती का ही एक छोटा रूप है। धोती में कपड़ा ज्यादा होता है जबकि लुंगी में कम।

लुंगी आमतौर पर 2 प्रकार की होती हैं-खुली लुंगी और सिली लुंगी। लुंगी पहनने का प्रचलन बांग्लादेश, बर्मा, इंडोनेशिया, श्रीलंका, थाईलैंड और मलेशिया में भी है। यह बहुत ज्यादा गर्मी और नमी वाली क्षेत्रों में विशेष रूप से लोकप्रिय पारंपरिक पोशाक है।

लोग लुंगी पहनते हैं, ओढ़ते हैं, बिछाते हैं और रस्सी न हो तो लुंगी को ही रस्सी बना लेते हैं। इस तरह लुंगी के कई उपयोग देखने को मिल जाएँगे। लोग लुंगी को पोंछा भी बना लेते हैं और गांव में महिलाएँ इसे माथे पर रखने की चुमली भी बना लेती हैं। चुमली जिस पर गढ़ा रखा जाता है। बहुत लोगों को लुंगी फैलाकर चंदा उगाते हुए भी देखा गया है।

अचकन या शेरवानी: पहले इसे अचकन कहते थे तथा बाद में इसे शेरवानी कहने लगे। शेरवानी कोटनुमा एवं घुटने से लंबी होती है। इसे ज्यादातर पायजामे के साथ पहना जाता है। शेरवानी भारत में आमतौर पर

राजस्थान, उत्तर प्रदेश और हैदराबाद में पहनी जाती है। शेरवानी एक भारतीय परिधान है। अक्सर इसे विवाह समारोह आदि में पहना जाता है।

अचकन कई प्रकार और डिजाइन की होती है। काली, सफेद, ऊदी, सूती, रेशमी आदि की अचकन के अलावा शादी की अचकन अलग ही होती है। मुगलों के प्रभाव के कारण इसे बंद या गोल गले की बनाकर इसे शेरवानी कहा जाने लगा।

ओढ़नी: इसे चुनरी, लहरिया और दुपट्टा भी कहते हैं। ओढ़नी थोड़ी बड़ी होती लेकिन चुनरी या दुपट्टा छोटा होता है। इसी का सबसे छोटा रूप स्कॉर्फ है। ओढ़नी स्त्रियां घाघरे और कुर्ती के ऊपर ओढ़ती हैं। ओढ़नी की लंबाई प्रायः ढाई से तीन मीटर और चौड़ाई डेढ़ से पौने दो मीटर होती है जिससे कि घूंघट निकालने पर भी ओढ़नी नीचे घाघरे तक रहती है। ओढ़नियां विविध रंगों में रंगी जाती हैं और इन पर कीमती बेलें या गोटा पत्ती लगाई जाती हैं।

भारत में प्राचीनकाल से ही ओढ़नी का प्रचलन था जिसे बंधेज भी कहते हैं। 7वीं शताब्दी में हर्ष का दरबारी कवि बाण 'भट्ट' वस्त्रों का वर्णन करता है तो 16वीं शताब्दी में मलिक मुहम्मद जायसी 'समुन्द्र लहर' और लहर पटोर का। इसी प्रकार गुजराती वर्णन (17वीं) प्रतापसाही लहरिया की प्रशंसा करते नहीं थकते तो सभा श्रृंगार के संकलनकर्ता चुनरी का। 18वीं शताब्दी तक आते-आते जयपुर के बाजारों में पोमचा, लहरिया और चुनरी आदि के वस्त्र बांधे, रंगे व बेचे जा रहे हैं।

भारतीय संस्कृति में भोजन

भारतीय संस्कृति में भोजन ने भारतीय परंपरा में एक महान भूमिका निभाई। भारत में भोजन को एक पवित्र चीज माना जाता है। किसी भी सभ्यता और संस्कृति में भोजन का महत्वपूर्ण योगदान है। भारतीय संस्कृति में भोजन भारत की सभी ऐतिहासिक, जातीय, भौगोलिक संस्कृतियों का प्रतिबिंब है। सबसे महत्वपूर्ण पहलू भौगोलिक क्षेत्र की जलवायु है। भारत में एक उष्णकटिबंधीय मानसून जलवायु है जो कि विभिन्न प्रकार की वनस्पतियों के बढ़ने के लिए अनुकूल है। इसलिए भारत हजारों पौधों की प्रजातियों, मसालो और मसालों का मूल स्थान है। भारतीय संस्कृति की बात करें तो हर संस्कृति अपने अनूठे तरीके से जानी जाती है। भारतीय भोजन विभिन्न संस्कृतियों और युगों के एक आदर्श मिश्रण को दर्शाता है। भारतीय संस्कृति की तरह, भारत में भोजन विभिन्न सभ्यताओं से प्रभावित हुआ है। भारतीय संस्कृति में भोजन का महत्व खाद्य अस्तित्व की बुनियादी जरूरत के कारक के रूप में खाया जाता है। भोजन विभिन्न लोगों को साथ लाता है। यह विभिन्न धार्मिक समारोहों में संस्कार के रूप में वितरित किया जाता है जो समुदाय के प्रत्येक सदस्य को उनकी सामाजिक स्थिति के बावजूद एक साथ लाता है। भारतीय भोजन एक महान पोषण मूल्य रखता है। सभी सब्जियां, फलियां, जड़ी-बूटियां, अनाज, आदि महत्वपूर्ण पोषक तत्वों से भरी हुई हैं। जड़ी बूटियों और मसालों के शानदार उपयोग के लिए भारत के पारंपरिक भोजन की व्यापक रूप से सराहना की गई है। भारत के खाद्य पदार्थ भी अपनी चंचलता के लिए जाने जाते हैं। पूरे भारत में, चाहे वह उत्तर भारत हो या दक्षिण भारत, मसालों का उपयोग भोजन में उदारता से किया जाता है। भारतीय व्यंजनों में उपयोग किए जाने वाले प्रत्येक मसाले में औषधीय गुणों के अलावा कुछ पोषण होता है। भारतीय व्यंजनों को व्यंजनों के बड़े वर्गीकरण के लिए जाना जाता है। खाना

पकाने की शैली एक क्षेत्र से दूसरे क्षेत्र में भिन्न होती है और इसे मुख्य रूप से दक्षिण भारतीय व्यंजनों, उत्तर भारतीय व्यंजनों, पूर्व भारतीय भोजन, पश्चिम भारतीय भोजन, मध्य भारतीय भोजन और उत्तर पूर्व भारतीय भोजन में विभाजित किया जाता है। भारत अपने विविध बहु-व्यंजन के लिए प्रसिद्ध है जो बड़ी संख्या में भोजन जोड़ों में उपलब्ध है जो विविधता में एकता का प्रतीक है।

भारतीय भोजन

भारतीय भोजन अपने भीतर भारत के सभी क्षेत्र, राज्य के अनेक भोजनों का नाम है। जैसे भारत मैं सब कुछ अनेक और विविध है, भारतीय भोजन भी उसी तरह विविध है। पूरब पश्चिम, उत्तर और दक्षिण भारत का आहार एक दूसरे से बहुत अलग है। भारतीय भोजन पर अनेक तत्वों का प्रभाव पड़ा है, जैसे उतर भारत मैं हम मुगलयी प्रभाव देखते है। हर क्षेत्र का खाना दुसरे क्षेत्र से बहुत अलग होता है, यह भारतीय भोजन को अपना एक निराला व अनोखा रूप देती है। पूरन पूरी हो या दाल बाटी, तंदूरी रोटी हो या शाही पुलाव, पंजाबी खाना हो या मारवाड़ी खाना, भारतीय भोजन की अपनी एक विशिष्टता है और इसी कारण से आज संसार के सभी बड़े देशों में भारतीय भोजनालय पाये जाते हैं जो कि अत्यंत लोकप्रिय हैं। विदेशों में प्रायः सप्ताहांत अथवा अवकाशों पर भोजन के लिये लोग भारतीय भोजनालयों में ही जाना अधिक पसंद करते हैं। स्वादिष्ट खाना बनाना एक कला है, इसी कारणवश भारतीय संस्कृति में इसे पाक कला कहा गया है। भारतीय भोजन विभिन्न प्रकार की पाक कलाओं का संगम है। इसमें पंजाबी खाना, मारवाड़ी खाना, दक्षिण भारतीय खाना, शाकाहारी खाना, आदि सभी सम्मिलित हैं। भारतीय करी/तरी भी कहा जाता है, का अपना अलग ही इतिहास है। जी हाँ, आपको जानकर आश्चर्य होगा कि भारतीय करी का इतिहास 5000 वर्ष पुराना है। प्राचीन काल में, जब भारत आने के लिये केवल खैबर दर्रा ही एकमात्र मार्ग था क्योंकि उन दिनों समुद्री मार्ग की खोज भी नहीं हुई थी। उन दिनों में भी यहाँ आने वाले विदेशी व्यापारियों को भारतीय भोजन इतना अधिक पसंद था कि वे इसे पकाने की विधि सीख कर जाया करते थे और भारत के मोतियों

के साथ ही साथ विश्वप्रसिद्ध गरम मसाला खरीद कर अपने साथ ले जाना कभी भी नहीं भूलते थे।

सामग्री

भारतीय भोजन में बहुत सारी सामग्रीयो का उपयोग होता है, जैसे की दालचीनी, काली मिर्च, लौंग, इलायची का प्रयोग होता है। अदरक लहसुन और प्याज का भी प्रयोग होता है, लेकिन जैन धर्म व कुछ ब्राह्मण जड़ (रूट) सब्जियों को नहीं खाते। मौसमी सामग्री का भी प्रयोग होता है। अलग-अलग प्रकार के दाल का भी उपयोग होता है जैसे मसूर, तूर, उड़द मूंग दाल जैसे भिन्न-भिन्न दालो का इस्तेमाल होता है।

उत्तर भारतीय खाना

उत्तर भारत का खाना पुरी दुनिया में प्रसिद्ध है। उत्तर भारतीय खाना कश्मीर, पंजाब, उत्तर प्रदेश हरियाणा, हिमाचल प्रदेश, राजस्थान, उत्तराखंड जैसे राज्यों को अपने अन्दर लेता है। उत्तर भारतीय भोजन-

अवधी व्यंजन

बिहारी व्यंजन

भोजपुरी व्यंजन

कुमाउंनी व्यंजन

कश्मीर का भोजन

मुगलयी भोजन

पंजाबी व्यंजन

उत्तर प्रदेश के भोजन

कश्मीरी खाना

कश्मीरी खाना इस क्षेत्र की प्राचीन परंपरा पर आधारित है। इस क्षेत्र में प्रसिद्ध सामग्री माँस है। इस क्षेत्र के प्रसिद्ध व्यंजन है-दम आलू; रोगन जोश एक माँस आधारित पकवान है। इस पकवान में बहुत सारा तेल का उपयोग

होत है, इसे तीव्र गर्मी पर पकाया जाता है। इस पकवान के मुख्य सामग्री है—कश्मीरी रेड चिलीज, माँस, दही, सोंठ आदि का प्रयोग होता है।

पंजाबी खाना

खाना पंजाब और पाकिस्तान के पकवानो को अपने भीतर लेता है। यह अपने मसालो व पकवानो के रंगो के लिए प्रसिद्ध है। पंजाबी खाना न केवल भारत में, बल्कि पर पूरी दुनिया में बहुत जाना माना है। पंजाबी खाने में घी, दही, मक्खन, पूरी गेहूं का उपयोग होता है। पंजाबी खाने के मसाला ज्यादा तर अदरक लहसुन प्याज का अप्रमाद होता है। हम आलु पराठा, अनारदाना मुर्ग, छिहत, खीर, सरसों का साग पंजाबी खाने के माशुर खान है। तंदूरी खाना यहाँ की विशेषता है।

भोजन करने की विधि

अधिकांश लोग भोजन की सही विधि नहीं जानते। गलत विधि से गलत मात्रा में अर्थात् आवश्यकता से अधिक या बहुत कम भोजन करने से या अहितकर भोजन करने से जठराग्नि मंद पड़ जाती है, जिससे कब्ज रहने लगता है। तब आँतों में रूका हुआ मल सड़कर दूषित रस बनाने लगता है। यह दूषित रस ही सारे शरीर में फैलकर विविध प्रकार के रोग उत्पन्न करता है। उपनिषदों में भी कहा गया है: **आहारशुद्धौ सत्त्वशुद्धिः।** शुद्ध आहार से मन शुद्ध रहता है। साधारणतः सभी व्यक्तियों के लिए आहार के कुछ नियमों को जानना अत्यंत आवश्यक है। जैसे—

आलस तथा बैचेनी न रहें, मल, मूत्र तथा वायु का निकास योग्य ढंग से होता रहे, शरीर में उत्साह उत्पन्न हो एवं हलकापन महसूस हो, भोजन के प्रति रूचि हो तब समझना चाहिए की भोजन पच गया है। बिना भूख के खाना रोगों को आमंत्रित करता है। कोई कितना भी आग्रह करे या आतिथ्यवश खिलाना चाहे पर आप सावधान रहें।

सही भूख को पहचानने वाले मानव बहुत कम हैं। इससे भूख न लगी हो फिर भी भोजन करने से रोगों की संख्या बढ़ती जाती है। एक बार किया हुआ भोजन जब तक पूरी तरह पच न जाय एवं खुलकर भूख न लगे तब तक

दुबारा भोजन नहीं करना चाहिए। अतः एक बार आहार ग्रहण करने के बाद दूसरी बार आहार ग्रहण करने के बीच कम-से-कम छः घंटों का अंतर अवश्य रखना चाहिए क्योंकि इस छः घंटों की अवधि में आहार की पाचन-क्रिया सम्पन्न होती है। यदि दूसरा आहार इसी बीच ग्रहण करें तो पूर्वकृत आहार का कच्चा रस (आम) इसके साथ मिलकर दोष उत्पन्न कर देगा। दोनों समय के भोजनों के बीच में बार-बार चाय पीने, नाश्ता, तामस पदार्थों का सेवन आदि करने से पाचनशक्ति कमजोर हो जाती है, ऐसा व्यवहार में मालूम पड़ता है।

रात्रि में आहार के पाचन के समय अधिक लगता है इसीलिए रात्रि के समय प्रथम पहर में ही भोजन कर लेना चाहिए। शीत ऋतु में रातें लम्बी होने के कारण सुबह जल्दी भोजन कर लेना चाहिए और गर्मियों में दिन लम्बे होने के कारण सायंकाल का भोजन जल्दी कर लेना उचित है।

अपनी प्रकृति के अनुसार उचित मात्रा में भोजन करना चाहिए। आहार की मात्रा व्यक्ति की पाचकाग्नि और शारीरिक बल के अनुसार निर्धारित होती है। स्वभाव से हलके पदार्थ जैसे कि चावल, मूँग, दूध अधिक मात्रा में ग्रहण करने सम्भव हैं परन्तु उड़द, चना तथा पिठ्ठी से बने पदार्थ स्वभावतः भारी होते हैं, जिन्हें कम मात्रा में लेना ही उपयुक्त रहता है।

भोजन के पहले अदरक और सेंधा नमक का सेवन सदा हितकारी होता है। यह जठराग्नि को प्रदीप्त करता है, भोजन के प्रति रूचि पैदा करता है तथा जीभ एवं कण्ठ की शुद्धि भी करता है।

भोजन गरम और स्निग्ध होना चाहिए। गरम भोजन स्वादिष्ट लगता है, पाचकाग्नि को तेज करता है और शीघ्र पच जाता है। ऐसा भोजन अतिरिक्त वायु और कफ को निकाल देता है। ठंडा या सूखा भोजन देर से पचता है। अत्यंत गरम अन्न बल का ह्रास करता है। स्निग्ध भोजन शरीर को मजबूत बनाता है, उसका बल बढ़ाता है और वर्ण में भी निखार लाता है।

चलते हुए, बोलते हुए अथवा हँसते हुए भोजन नहीं करना चाहिए।

दूध के झाग बहुत लाभदायक होते हैं। इसलिए दूध खूब उलट-पुलटकर, बिलोकर, झाग पैदा करके ही पियें। झागों का स्वाद लेकर चूसें। दूध में जितने ज्यादा झाग होंगे, उतना ही वह लाभदायक होगा।

चाय या कॉफी प्रात: खाली पेट कभी न पियें, दुश्मन को भी न पिलायें। एक सप्ताह से अधिक पुराने आटे का उपयोग स्वास्थ्य के लिए लाभदायक नहीं है। अच्छी तरह चबाये बिना जल्दी-जल्दी भोजन करने वाले चिड़चिड़े व क्रोधी स्वभाव के हो जाते हैं। भोजन अत्यन्त धीमी गति से भी नहीं करना चाहिए।

भोजन करते समय चित्त को एकाग्र रखकर सबसे पहले मधुर, बीच में खट्टे और नमकीन तथा अंत में तीखे, कड़वे और कसैले पदार्थ खाने चाहिए। अनार आदि फल तथा गन्ना भी पहले लेना चाहिए। भोजन के बाद आटे के भारी पदार्थ, नये चावल या चिवड़ा नहीं खाना चाहिए।

पहले घी के साथ कठिन पदार्थ, फिर कोमल व्यंजन और अंत में प्रवाही पदार्थ खाने चाहिए। माप से अधिक खाने से पेट फूलता है और पेट में से आवाज आती है। आलस आता है, शरीर भारी होता है। माप से कम अन्न खाने से शरीर दुबला होता है और शक्ति का क्षय होता है। बिना समय के भोजन करने से शक्ति का क्षय होता है, शरीर अशक्त बनता है। सिरदर्द और अजीर्ण के भिन्न-भिन्न रोग होते हैं। समय बीत जाने पर भोजन करने से वायु से अग्नि कमजोर हो जाती है। जिससे खाया हुआ अन्न शायद ही पचता है और दुबारा भोजन करने की इच्छा नहीं होती।

जितनी भूख हो उससे आधा भाग अन्न से, पाव भाग जल से भरना चाहिए और पाव भाग वायु के आने जाने के लिए खाली रखना चाहिए। भोजन से पूर्व पानी पीने से पाचनशक्ति कमजोर होती है, शरीर दुर्बल होता है। भोजन के बाद तुरंत पानी पीने से आलस्य बढ़ता है और भोजन नहीं पचता। बीच में थोड़ा-थोड़ा पानी पीना हितकर है। भोजन के बाद छाछ पीना आरोग्यदायी है। इससे मनुष्य कभी बलहीन और रोगी नहीं होता।

प्यासे व्यक्ति को भोजन नहीं करना चाहिए। प्यासा व्यक्ति अगर भोजन करता है तो उसे आँतों के भिन्न-भिन्न रोग होते हैं। भूखे व्यक्ति को पानी नहीं

पीना चाहिए। अन्नसेवन से ही भूख को शांत करना चाहिए। भोजन के बाद गीले हाथों से आँखों का स्पर्श करना चाहिए। हथेली में पानी भरकर बारी-बारी से दोनों आँखों को उसमें डुबोने से आँखों की शक्ति बढ़ती है।

भोजन के बाद पेशाब करने से आयुष्य की वृद्धि होती है। खाया हुआ पचाने के लिए भोजन के बाद पद्धतिपूर्वक वज्रासन करना तथा 10-15 मिनट बायीं करवट लेटना चाहिए (सोयें नहीं), क्योंकि जीवों की नाभि के ऊपर बायीं ओर अग्नितत्त्व रहता है।

भोजन के बाद बैठे रहने वाले के शरीर में आलस्य भर जाता है। बायीं करवट लेकर लेटने से शरीर पुष्ट होता है। सौ कदम चलने वाले की उम्र बढ़ती है तथा दौड़ने वाले की मृत्यु उसके पीछे ही दौड़ती है। रात्रि को भोजन के तुरंत बाद शयन न करें, 2 घंटे के बाद ही शयन करें।

कुछ उपयोगी बातें

घी, दूध, मूँग, गेहूँ, लाल साठी चावल, आँवले, हरड़े, शुद्ध शहद, अनार, अंगूर, परवल–ये सभी के लिए हितकर हैं।

अजीर्ण एवं बुखार में उपवास हितकर है।

दही, पनीर, खटाई, अचार, कटहल, कुन्द, मावे की मिठाइयाँ-से सभी के लिए हानिकारक हैं।

अजीर्ण में भोजन एवं नये बुखार में दूध विषतुल्य है। उत्तर भारत में अदरक के साथ गुड़ खाना अच्छा है।

मालवा प्रदेश में सूरन(जमिकंद) को उबालकर काली मिर्च के साथ खाना लाभदायक है।

अत्यंत सूखे प्रदेश जैसे की कच्छ, सौराष्ट्र आदि में भोजन के बाद पतली छाछ पीना हितकर है।

मुंबई, गुजरात में अदरक, नींबू एवं सेंधा नमक का सेवन हितकर है।

दक्षिण गुजरात वाले पुनर्नवा (विषखपरा) की सब्जी का सेवन करें अथवा उसका रस पियें तो अच्छा है।

दही की लस्सी पूर्णतया हानिकारक है। दहीं एवं मावे की मिठाई खाने की आदत वाले पुनर्नवा का सेवन करें एवं नमक की जगह सेंधा नमक का उपयोग करें तो लाभप्रद हैं।

शराब पीने की आदत वाले अंगूर एवं अनार खायें तो हितकर है।

आँव होने पर सोंठ का सेवन, लंघन (उपवास) अथवा पतली खिचड़ी और पतली छाछ का सेवन लाभप्रद है।

अत्यंत पतले दस्त में सोंठ एवं अनार का रस लाभदायक है।

आँख के रोगी के लिए घी, दूध, मूँग एवं अंगूर का आहार लाभकारी है।

व्यायाम तथा अति परिश्रम करने वाले के लिए घी और इलायची के साथ केला खाना अच्छा है।

सूजन के रोगी के लिए नमक, खटाई, दही, फल, गरिष्ठ आहार, मिठाई अहितकर है।

यकृत (लीवर) के रोगी के लिए दूध अमृत के समान है एवं नमक, खटाई, दही एवं गरिष्ठ आहार विष के समान हैं।

वात के रोगी के लिए गरम जल, अदरक का रस, लहसुन का सेवन हितकर है। लेकिन आलू, मूँग के सिवाय की दालें एवं वरिष्ठ आहार विषवत् हैं।

कफ के रोगी के लिए सोंठ एवं गुड़ हितकर हैं परंतु दही, फल, मिठाई विषवत् हैं।

पित्त के रोगी के लिए दूध, घी, मिश्री हितकर हैं परंतु मिर्च-मसालेवाले तथा तले हुए पदार्थ एवं खटाई विषवत् हैं।

अन्न, जल और हवा से हमारा शरीर जीवनशक्ति बनाता है। स्वादिष्ट अन्न व स्वादिष्ट व्यंजनों की अपेक्षा साधारण भोजन स्वास्थ्यप्रद होता है। खूब चबा-चबाकर खाने से यह अधिक पुष्टि देता है, व्यक्ति निरोगी व दीर्घजीवी होता है। वैज्ञानिक बताते हैं कि प्राकृतिक पानी में हाइड्रोजन और ऑक्सीजन के सिवाय जीवनशक्ति भी है। एक प्रयोग के अनुसार हाइड्रोजन व ऑक्सीजन

से कृत्रिम पानी बनाया गया जिसमें खास स्वाद न था तथा मछली व जलीय प्राणी उसमें जीवित न रह सके।

बोतलों में रखे हुए पानी की जीवनशक्ति क्षीण हो जाती है। अगर उसे उपयोग में लाना हो तो 8-10 बार एक बर्तन से दूसरे बर्तन में उड़ेलना (फेटना) चाहिए। इससे उसमें स्वाद और जीवनशक्ति दोनों आ जाते हैं। बोतलों में या फ्रिज में रखा हुआ पानी स्वास्थ्य का शत्रु है। पानी जल्दी-जल्दी नहीं पीना चाहिए। चुसकी लेते हुए एक-एक घूँट करके पीना चाहिए जिससे पोषक तत्त्व मिलें।

वायु में भी जीवनशक्ति है। रोज सुबह-शाम खाली पेट, शुद्ध हवा में खड़े होकर या बैठकर लम्बे श्वास लेने चाहिए। श्वास को करीब आधा मिनट रोकें, फिर धीरे-धीरे छोड़ें। कुछ देर बाहर रोकें, फिर लें। इस प्रकार तीन प्राणायाम से शुरुआत करके धीरे-धीरे पंद्रह तक पहुँचे। इससे जीवनशक्ति बढ़ेगी, स्वास्थ्य लाभ होगा, प्रसन्नता बढ़ेगी।

स्वास्थ्य और शुद्धिः

उदय, अस्त, ग्रहण और मध्याह्न के समय सूर्य की ओर कभी न देखें, जल में भी उसकी परछाई न देखें।

दृष्टि की शुद्धि के लिए सूर्य का दर्शन करें।

उदय और अस्त होते चन्द्र की ओर न देखें।

संध्या के समय जप, ध्यान, प्राणायाम के सिवाय कुछ भी न करें।

साधारण शुद्धि के लिए जल से तीन आचमन करें।

अपवित्र अवस्था में और जूठे मुँह स्वाध्याय, जप न करें।

सूर्य, चन्द्र की ओर मुख करके कुल्ला, पेशाब आदि न करें।

मनुष्य जब तक मल-मूत्र के वेगों को रोक कर रखता है तब तक अशुद्ध रहता है।

सिर पर तेल लगाने के बाद हाथ धो लें।

रजस्वला स्त्री के सामने न देखें।

ध्यानयोगी ठंडे जल से स्नान न करे।

भारतीय संस्कृति में भजन

भक्ति शब्द की व्युत्पत्ति 'भज्' धातु से हुई है, जिसका अर्थ 'सेवा करना' या 'भजना' है, अर्थात् श्रद्धा और प्रेमपूर्वक इष्ट देवता के प्रति आसक्ति। नारदभक्तिसूत्र में भक्ति को परम प्रेमरूप और अमृतस्वरूप कहा गया है। इसको प्राप्त कर मनुष्य कृतकृत्य, संतृप्त और अमर हो जाता है। व्यास ने पूजा में अनुराग को भक्ति कहा है। गर्ग के अनुसार कथा श्रवण में अनुरक्ति ही भक्ति है। भारतीय धार्मिक साहित्य में भक्ति का उदय वैदिक काल से ही दिखाई पड़ता है।

अर्थात् भक्ति, भजन है। किसका भजन? ब्रह्म का, महान् का। महान् वह है जो चेतना के स्तरों में मूर्धन्य है, यज्ञियों में यज्ञिय है, पूजनीयों में पूजनीय है, सात्वतों, सत्वसंपन्नों में शिरोमणि है और एक होता हुआ भी अनेक का शासक, कर्मफलप्रदाता तथा भक्तों की आवश्यकताओं को पूर्ण करनेवाला है।

मानव चिरकाल से इस एक अनादि सत्ता (ब्रह्म) में विश्वास करता आया है। भक्ति साधन तथा साध्य द्विविध है। साधक, साधन में ही जब रस लेने लगता है, उसके फलों की ओर से उदासीन हो जाता है। यही साधन का साध्य बन जाता है। पर प्रत्येक साधन का अपना पृथक् फल भी है। भक्ति भी साधक को पूर्ण स्वाधीनता, पवित्रता, एकत्वभावना तथा प्रभुप्राप्ति जैसे मधुर फल देती है। प्रभुप्राप्ति का अर्थ जीव की समाप्ति नहीं है, सयुजा और सखाभाव से प्रभु में अवस्थित होकर आनन्द का उपभोग करना है।

आचार्य रामानुज, मध्व, निम्बार्क आदि का मत यही है। महर्षि दयानन्द लिखते हैं: जिस प्रकार अग्नि के पास जाकर शीत की निवृत्ति तथा उष्णता का अनुभव होता है, उसी प्रकार प्रभु के पास पहुँचकर दु:ख की निवृत्ति तथा आनन्द की उपलब्धि होती है। परमेश्वर के समीप होने से सब दोष, दु:ख

छूटकर परमेश्वर के गुण, कर्म, स्वभाव के सदृश जीवात्मा के गुण, कर्म और स्वभाव पवित्र हो जाते हैं। परमेश्वर की स्तुति, प्रार्थना तथा उपासना से आत्मा का बल इतना बढ़ेगा कि पर्वत के समान दुःख प्राप्त होने पर भी वह नहीं घबराएगा और सबको सहन कर सकेगा।

स्वामी तथा पिता दोनों को हम श्रद्धा की दृष्टि से अधिक देखते हैं। मातृभावना में प्रेम बढ़ जाता है, पर दाम्पत्य भावना में श्रद्धा का स्थान ही प्रेम ले लेता है। प्रेम दूरी नहीं नैकट्य चाहता है और दाम्पत्यभावना में यह उसे प्राप्त हो जाता है। श्रृंगार, मधुर अथवा उज्जवल रस भक्ति के क्षेत्र में इसी कारण अधिक अपनाया भी गया है। वेदकाल के ऋषियों से लेकर मध्यकालीन भक्त संतों की हृदयभूमि को पवित्र करता हुआ यह अद्यावधि अपनी व्यापकता एवं प्रभविष्णुता को प्रकट कर रहा है।

भक्ति क्षेत्र की चरम साधना सख्यभाव में समवसित होती है। जीव ईश्वर का शाश्वत सखा है। प्रकृति रूपी वृक्ष पर दोनों बैठे हैं। जीव इस वृक्ष के फल चखने लगता है और परिणामतः ईश्वर के सखाभाव से पृथक् हो जाता है। जब साधना, करता हुआ भक्ति के द्वारा वह प्रभु की ओर उन्मुख होता है तो दास्य, वात्सल्य, दाम्पत्य आदि सीढ़ियों को पार करके पुनः सखाभाव को प्राप्त कर लेता है। इस भाव में न दास का दूरत्व है, न पुत्र का संकोच है और न पत्नी का अधीन भाव है। ईश्वर का सखा जीव स्वाधीन है, मर्यादाओं से ऊपर है और उसका वरेण्य बंधु है। आचार्य वल्लभ ने प्रवाह, मर्यादा, शुद्ध अथवा पुष्ट नाम के जो चार भेद पुष्टिमार्गीय भक्तों के किए हैं, उनमें पुष्टि का वर्णन करते हुए वे लिखते हैं: **कृष्णधीनातु मर्यादा** स्वाधीन **पुष्टिरुच्यते।** सख्य भाव की यह स्वाधीनता उसे भक्ति क्षेत्र में ऊर्ध्व स्थान पर स्थित कर देती है।

मीराबाई (1498–1546) वैष्णव-भक्ति-आन्दोलन की महानतम कवियित्री हैं।

भक्ति का तात्विक विवेचन वैष्णव आचार्यो द्वारा विशेष रूप से हुआ है। वैष्णव संप्रदाय भक्तिप्रधान संप्रदाय रहा है। श्रीमद्भागवत और श्रीमद्भगवद्गीता के अतिरिक्त वैष्णव भक्ति पर अनेक श्लोकबद्ध संहिताओं की रचना हुई। सूत्र

शैली में उस पर नारद भक्तिसूत्र तथा शांडिल्य भक्तिसूत्र जैसे अनुपम ग्रंथ लिखे गए। पराधीनता के समय में भी महात्मा रूप गोस्वामी ने भक्तिरसायन जैसे अमूल्य ग्रंथों का प्रणयन किया। भक्ति-तत्व-तंत्र को हृदयंगम करने के लिए इन ग्रंथों का अध्ययन अनिवार्यतः अपेक्षित है। आचार्य वल्लभ की भागवत पर सुबोधिनी टीका तथा नारायण भट्ट की भक्ति की परिभाषा इस प्रकार दी गई है:

सवै पुंसां परो धर्मो यतो भक्ति रधोक्षजे।
अहैतुक्य प्रतिहता ययात्मा सम्प्रसीदति॥ ११.२.६

भगवान् में हेतुरहित, निष्काम एक निष्ठायुक्त, अनवरत प्रेम का नाम ही भक्ति है। यही पुरुषों का परम धर्म है। इसी से आत्मा प्रसन्न होती है। 'भक्तिरसामृतसिन्धु', के अनुसार भक्ति के दो भेद हैं: गौणी तथा परा। गौणी भक्ति साधनावस्था तथा परा भक्ति सिद्धावस्था की सूचक है। गौणी भक्ति भी दो प्रकार की है: वैधी तथा रागानुगा। प्रथम में शास्त्रानुमोदित विधि निषेध अर्थात् मर्यादा मार्ग तथा द्वितीय में राग या प्रेम की प्रधानता है। आचार्य वल्लभ द्वारा प्रतिपादित विहिता एवं अविहिता नाम की द्विविधा भक्ति भी इसी प्रकार की है और मोक्ष की साधिका है। शांडिल्य सूत्रसंख्या १० में इन्हीं को इतरा तथा मुख्या नाम दिए हैं।

श्रीमद्भागवत् में नवधा भक्ति का वर्णन है:

श्रवणं कीर्तन विष्णोः स्मरणं पादसेवनम्।
अर्चनं वंदनं दास्यं सख्यमात्मनिवेदनम्॥ ७,५,२३

नारद भक्तिसूत्र संख्या ८२ में भक्ति के जो ग्यारह भेद हैं, उनमें गुण माहात्म्य के अन्दर नवधा भक्ति के श्रवण और कीर्तन, पूजा के अंदर अर्चन, पादसेवन तथा वंदन और स्मरण-दास्य-सख्य-आत्मनिवेदन में इन्हीं नामोंवाली भक्ति अंतभुत हो जाती है। रूपासक्ति, कांतासक्ति तथा वात्सल्यासक्ति भागवत के नवधा भक्तिवर्णन में स्थान नहीं पातीं।

निर्गुण या अव्यक्त तथा सगुण नाम से भी भक्ति के दो भेद किए जाते हैं। गीता, भागवत तथा सूरसागर ने निर्गुण भक्ति को अगम्य तथा क्लेशकर

कहा है, परन्तु वैष्णव भक्ति का प्रथम युग जो निवृत्तिप्रधान तथा ज्ञान-ध्यान-परायणता का युग है, निर्गुण भक्ति से ही संबद्ध है। चित्रशिखंडी नाम के सात ऋषि इसी रूप में प्रभुध्यान में मग्न रहते थे। राजा वसु उपरिचर के साथ इस भक्ति का दूसरा युग प्रारंभ हुआ जिसमें यज्ञानुष्ठान की प्रवृत्तिमूलकता तथा तपश्चर्या की निवृत्तिमूलकता दृष्टिगोचर होती है। तीसरा युग कृष्ण के साथ प्रारंभ होता है जिसमें अवतारवाद की प्रतिष्ठा हुई तथा द्रव्यमय यज्ञों के स्थान पर ज्ञानमय एवं भावमय यज्ञों का प्रचार हुआ।

चतुर्थ युग में प्रतिमापूजन, देवमंदिर निर्माण, शृंगारसज्जा तथा षोडशोपचार (कलश-शंख-घंटी-दीप-पुष्प आदि) पद्धति की प्रधानता है। इसमें बहिर्मुखी प्रवृत्ति है। पंचम युग में भगवान् के नाम, रूप, गुण, लीला और धाम के अतीव आकर्षक दृश्य दिखाई देते हैं। वेद का यह पुराण में परिणामन है। इसमें निराकार साकार बना, अनंत सांत तथा सूक्ष्म स्थूल बना। प्रभु स्थावर एवं जंगम दोनों की आत्मा है। फिर जंगम चेतना ही क्यों? स्थावर द्वारा ही उसकी अभिव्यक्ति और भक्ति क्यों न की जाय?

वैष्णव आचार्य, कवि एवं साधक स्थूल तक ही सीमित नहीं, वे स्थूल द्वारा सूक्ष्म तक पहुँचे हैं। उनकी रचनाएँ नाम द्वारा नामी का बोध कराती हैं। उन्होंने भगवान् के जिन नामों रूपों लीलाओं तथा धामों का वर्णन किया है, वे न केवल स्थूल माँसपिंडों से ही संबंधित हैं, अपितु उसी के समान आधिदैविक जगत् तथा आध्यात्मिक क्षेत्र से भी संबंधित हैं। राधा और कृष्ण, सीता और राम, पार्वती और परमेश्वर, माया और ब्रह्म, प्रकृति और पुरुष, शक्ति और शक्तिमान्, विद्युत् और मेघ, किरण और सूर्य, ज्योत्स्ना और चंद्र आदि सभी परस्पर एक दूसरे में अनुस्यूत हैं। विरहानुभूति को लेकर भक्तिक्षेत्र में वैष्णव भक्तों ने, चाहे वे दक्षिण के हों या उत्तर के, जिस मार्मिक पीड़ा को अभिव्यक्त किया है, वह साधक के हृदय पर सीधे चोट करती है और बहुत देर उसे वहीं निमग्न रखती है। लोक से कुछ समय के लिए आलोक में पहुँचा देनेवाली वैष्णव भक्तों की यह देन कितनी श्लाघनीय है, कितनी मूल्यवान् है। और इससे भी अधिक मूल्यवान् है उनकी स्वर्गप्राप्ति की मान्यता। मुक्ति नहीं, क्योंकि वह मुक्ति का ही उत्कृष्ट रूप है, भक्ति ही अपेक्षणीय है। स्वर्ग

परित्याज है, उपेक्षणीय है। इसके स्थान पर प्रभुप्रेम ही स्वीकरणीय है। वैष्णव संप्रदाय की इस देन की अमिट छाप भारतीय हृदय पर पड़ी है। उसने भक्ति को ही आत्मा का आहार स्वीकार किया है

भक्ति तर्क पर नहीं, श्रद्धा एवं विश्वास पर अवलंबित है। पुरुष ज्ञान से भी अधिक श्रद्धामय है। मनुष्य जैसा विचार करता है, वैसा बन जाता है, इससे भी अधिक सत्य इस कथन में है कि मनुष्य की जैसी श्रद्धा होती है उसी के अनुकूल और अनुपात में उसका निर्माण होता है। प्रेरक भाव है, विचार नहीं। जो भक्ति भूमि से हटाकर द्यावा में प्रवेश करा दे, मिट्टी से ज्योति बना दे, उसकी उपलब्धि हम सबके लिए निस्संदेह महीयसी है। घी के ज्ञान और कर्म दोनों अर्थ हैं। हृदय श्रद्धा या भाव का प्रतीक है। भाव का प्रभाव, वैसे भी, सर्वप्रथम हृदय के स्पंदनों में ही लक्षित होता है।

मानव एक बहुत ही अद्‌भुत और बुद्धिमान प्राणी ही और मानव को परिभाषित करने के लिए हम मानवता, समाज और विधि इत्यादि जैसे शब्दों का प्रयोग करते है। लेकिन अगर इन सभी शब्दों सहयोग शब्द से ही पूर्ण रूप दिया जा सकता है। मानव प्रजाति के विकास और उसके सुचारु संचालन के लिए एक दूसरे का सहयोग बहुत ही आवश्यक है। कोई भी प्राणी ऐसा नहीं कह सकता की बिना किसी सहयोग के वो अपना सम्पूर्ण जीवन यापन कर सकता है।

अब बात करते है सेवा धर्म की तो ये सहयोग की भावना को एक नियम और विधि के रूप मे धरण करने के सूत्र को ही सेवा धर्म के रूप मे जाना जाता है। सेवा का तात्पर्य केवल किसी की मदद के रूप मे नहीं देखना चाहिए बल्कि इसे एक कर्तव्य के रूप मे अपने जीवन मे धरण करना ही असली सेवा धर्म है। मदद तो हम केवल भावना के अंतर्गत करते है। लेकिन कर्तव्य के रूप मे हमे उसका पालन करना ही हमारा उद्देश्य होना चाहिए।

सेवा धर्म का तात्पर्य उस प्रकार के सहयोग की भावना से जिसमे हम अपनी सेवा के बदले कुछ फल की भावना नहीं रखते है। नीति शास्त्र के नियम के अनुसार जब कभी हम अपनी सेवा के बदले किसी कामना की

इच्छा रखते है तो उस सेवा का फल निष्क्रिय हो जाता है। साथ ही सेवा धर्म के निर्वहन के समय परिस्थितियों के अनुकूल और प्रतिकूल होने की भी इच्छा नहीं रखनी चाहिए। परिस्थियां भी हमारे सेवा धर्म की भावना को प्रभावित नहीं कर सकती है।

सेवा धर्म को और अच्छे से जानने के लिए मैं एक कथा का वर्णन करता हूँ एक बार दो तपस्वी साधु यात्रा पर थे रास्ते मे एक नदी पड़ती है और दोनों साधु अपनी प्यास बुझाने के लिए उस नदी के तट पर जाते है और जल का पान करते है। तभी एक साधु को एक बिच्छू दिखता है जो पानी मे फंसा रहता है। वो साधु उस बिच्छू को बचाने हेतु अपने हाथों से उसे निकालने का प्रयास करता है।

जैसे ही साधु उस बिच्छू को उठता है वो बिच्छू उस साधु को डंक मार देता है और साधु के हाथों से छुट कर पानी मे फिर गिर जाता है। साधु पुनः उसे बचाने का प्रयास करता है और पुनः बिच्छू साधु को डंक मारता है। ये क्रम चलता रहता है और अंत मे साधु बिच्छू को बाहर निकाल देता है।

इस पूरे क्रम को दूसरे साधु ने देखा और उसने अपने मित्र साधु को पूछा की जब वो बिच्छू बार बार आपको डंक मार रहा था तो फिर भी आप उसे निकालने का प्रयास क्यों कर रहे थे इस पर पहले साधु ने जवाब दिया कि मित्र वो बिच्छू अपने स्वभाव का अनुसरण कर रहा था और मैं अपने स्वभाव का। एक बिच्छू का स्वभाव है डंक मारना और एक मानव अथवा साधु का स्वभाव है किसी परेशानी मे फंसे जीव की सहायता करना। इसलिए मैंने अपने स्वभाव का अनुसरण करते हुए अपने कर्तव्य का निर्वहन किया।

उपरोक्त कथा मे यही बताने का प्रयास किया गया है कि कैसी भी देश काल अथवा परिस्थिति हो हमे अपने सेवा धर्म के कर्त्तव्य का निर्वहन हमेशा करना चाहिए।

मेरा तो मानना है किसी भी धर्म समाज संस्कृति की बात की जाये एक दूसरे के सहयोग और सहायता के आधार पर ही उनके विस्तार या संचालन की कामना की जा सकती है। आज का समाज भले ही जताने का प्रयास करता है की किसी भी रूप मे किसी पर निर्भर नहीं है लेकिन वास्तविक रूप

मे एक दूसरे के सहयोग के बिना किसी समाज का निर्माण भी नहीं हो सकता।

आज के इस कोरोना काल में सेवा धर्म के बारे मे बोलना बहुत ही जरूरी हो गया है। अभी हम देख रहे है कि किस प्रकार से लोगों को चिकित्सा सेवा, उपकरण, औषधि इत्यादि की आवश्यकता पड़ रही है। और कितने ही लोग अपने सेवा धर्म का पालन करते हुए एक दूसरे का पूर्ण सामर्थ्य के साथ सहयोग कर रहे है। वहीं दूसरी तरफ कितने ही लोग है जो इस महामारी काल में एक दूसरे का फायदा उठाते हुए कालाबाजारी करते हैं। और ठगने का कार्य कर रहे है। तो जो लोग पूरी निष्ठा के साथ लोगों का सहयोग कर रहे है असल मायने में ये लोग ही पूर्ण धार्मिक और ईश्वर से जुड़े लोग है। वही जो लोग इसके उलट जो लोग कालाबाजारी और ठगने का कार्य कर रहे है। उनसे बड़ा अधार्मिक और नास्तिक व्यक्ति कोई नहीं और उनसे बड़ा पापी इंसान कोई नहीं हो सकता है।

नीति शास्त्र के विचारको के अनुसार लोगो की सेवा करने वाले लोग ही आस्तिक और पूर्ण धार्मिक व्यक्ति माने जाएँगे। क्योंकि कोई भी धर्म वो हमे यही बताते हैं कि हम सभी उस ईश्वर का अंश है और एक दूसरे की सेवा उनका सहयोग करने से तात्परर्य है हम अपने ईश्वर की सेवा या सहयोग कर रहे है। इस लिए हम अपने धर्म का पालन कर रहे हैं।

सेवा धर्म से विहीन व्यक्ति, भावना हीन और मानवता हीं माना जाएगा इसीलिए **सेवा परमों धर्मः** की भावना के साथ हमे इसका पालन करना चाहिए। अपनी क्षमता और सामर्थ्य के अनुसार बिना किसी इच्छा और चाह के बिना किसी कामना के हमे सभी जीवों की सेवा करनी चाहिए स्वामी विवेकानंद ने भी नर-सेवा नारायण-सेवा के उद्द्येश्य के साथ जीवन यापन करने को ही सही बताया है। तो अपने जीवन मे सेवा भाव को अपने कर्तव्य के रूप मे धारण करते हुए हम भी सेवा धर्म के पालन का निश्चय करे।

समाज सेवा

हिन्दू धर्म की मान्यताओं के अनुसार 84 कोटि यौनियो के बाद मनुष्य जीवन बड़ी कठिनाई से मिलता हैं। जो भी विश्वास हो मगर इस बात में कोई

संदेह नहीं हैं कि समस्त जीवों में मानव श्रेष्ठ हैं। उसकी श्रेष्ठता का कारण मस्तिष्क हैं जो अन्य जीवधारियों के पास उतना विकसित नहीं होता हैं जिससे वे विचार कर सके अथवा कोई निर्णय कर पाए।

सभी जीव धारी भोजन के लिए परस्पर एक दूसरे से लड़ते झगड़ते रहते हैं, उन्हें किसी दूसरे की कष्ट पीड़ा का ज्ञान भी नहीं होता हैं। मगर मानव एक सामाजिक प्राणी हैं, जो सभी के साथ मिलजुलकर समाज में रहता हैं और समाज की गतिविधियों कानून कायदों में बंधकर अपनी सोशियल ड्यूटी का निर्वहन भी करता हैं। अपना पेट तो जानवर भी भरते हैं। मगर मानव में खास बात यह हैं कि वह समूचे समाज के हित की सोचता हैं तथा हर जरूरत मंद की मदद करने के लिए भी आगे आते हैं। निःस्वार्थ भाव से किसी दूसरे को गई मदद ही समाज सेवा कहा जाता हैं।

समाज सेवा एक पुण्य कार्य हैं, इसके कारण लोग अमर हो जाते है तथा उन्हें सदियों तक याद भी किया जाता हैं। बड़ी से बड़ी सामाजिक बुराई को समाज सेवा रुपी हथियार की मदद से दूर किया जा सकता हैं। गोस्वामी तुलसीदास ने बहुत ही सुंदर पंक्ति लिखी हैं **परहित सरिस धर्म नहीं भाई**, अर्थात दूसरों की भलाई से बढ़कर कोई भी धर्म नहीं हैं। हमें प्रकृति से परोपकार के गुणों को सीखकर अपनाना चाहिए। प्रकृति हमें प्रकाश, ऊष्मा, जीवन सब कुछ निःस्वार्थ ही देती हैं। पेड़ पौधे भी अपना जीवन प्राणियों को समर्पित कर देते हैं। यदि इंसान के दिल से परोपकारी गुण गायब हो गया तो यह संसार पशुवत हो जाएगा। जहाँ चार पैरों के जानवर और मनुष्य में कोई फर्क नहीं रह जाएगा।

किसी समाज अथवा राष्ट्र की उन्नति व प्रगति के लिए सभी लोगों का खुशहाल होना जरुरी हैं। यदि कुछ लोग भी दुःखों से पीड़ित रहेंगे तो वह समाज आगे नहीं बढ़ पाएगा। यदि समाज के एक तबके के पास सुख सुविधा हो और दूसरे लोग कष्ट से जीवन यापन कर रहे है तो वह समाज निश्चय ही दुर्गति को प्राप्त होगा. दुःख की तासीर ही उतनी कष्टदायक होती है कि जो लोग भी सुख सम्पन्न है वे पीड़ितों को दुःखी देखकर सुखी जीवन नहीं जी पाएँगे।

रोग, गरीबी या प्रताड़ना से युक्त सामाजिक वातावरण में कभी भी सुख समृद्धि का वास नहीं होता हैं। समाज की खुशहाली में इन बाधकों को तभी दूर किया जा सकता हैं जब प्रत्येक नागरिक निजी स्वार्थ से ऊपर उठकर अपने समाज के पीड़ित एवं दुखी लोगों की मदद करे, क्योंकि समाज के बिना किसी भी व्यक्ति का कोई स्वतंत्र अस्तित्व नहीं रह जाता हैं। सर्वशक्तिमान व्यक्ति भी यह दावा नहीं कर सकता कि उसने कभी किसी का सहयोग नहीं लिया अथवा भविष्य में नहीं लेगा। हमें जीवन निर्वाह के लिए प्रत्यक्ष-अप्रत्यक्ष रूप से शेष समाज से सहयोग की जरूरत होती हैं। ऐसे में अपने हृदय में भी समाज सेवा के भाव रखकर उपेक्षित, वंचित या पीड़ित व्यक्ति की मदद जरुर करें।

समाज सेवा के बारे में राष्ट्रकवि मैथिलीशरण गुप्त ने लिखा कि मनुष्य **वह नहीं कि जो जिया न आपके लिए, वही मनुष्य हैं कि जो मरे मनुष्य के लिए,** मानव सेवा के कार्य में कष्ट जरुर झेलना पड़ता हैं पर इससे प्राप्त आत्म संतोष का सुख अलग ही प्रकार का होता हैं। सेवाभावी मनुष्य को सम्मान की नजर से देखा जाता हैं, सेवा करते समय पात्र की जांच अवश्य की जानी चाहिए, जिस व्यक्ति की मदद कर रहे है वाकई में उसे मदद की आवश्यकता नहीं है तो उसे हम सेवा नहीं कह सकते हैं। सामूहिक कल्याण के भाव से दीन दुखियों, घायलों, अपंगो और अनाथों की हर सम्भव मदद करनी चाहिए।

समाज सेवा के मापदंड समय के साथ बदलते जाते हैं। सार्वजनिक जीवन में हरेक राजनेता स्वयं को समाज सेवी के रूप में प्रदर्शित करता हैं। मगर उनकी कथनी और करनी में बहुत फर्क होता हैं, समाज सेवा के नाम पर बहुत से लोग अपने घर भरने के धंधे चला रहे हैं तो कोई संगठन के जरिये इस पवित्र काम को कलंकित कर रहे हैं। वही कुछ लोग ऐसे भी है जो नि:स्वार्थ भाव से समाज के हरेक तबके के पीड़ित की मदद करने के लिए आगे आते हैं। समाज के रूप में हमें ऐसे सेवाभावी लोगों को सम्मान देना चाहिए।

हम सभी को अपने दिल में समाज एवं देश के प्रति कुछ करने का जज्बा रखना चाहिए। जब भी सेवा का मौका मिले हमें आगे आकर उसे भुनाना चाहिए। एक सामाजिक नागरिक के रूप में हमारा यह दायित्व भी हैं कि हम समाज में व्याप्त कुरीतियों और बुराइयों को खत्म करने की दिशा में काम करें और लोगों को भी प्रेरित करें, ऐसे छोटे छोटे प्रयासों से ही सामाजिक आन्दोलन खड़े कर बड़े सुधार किये जा सकते हैं, मनुष्य जन्म पाकर हमें जब भी अवसर मिले किसी की मदद के लिए आगे आना चाहिए, तभी सच में हमारा मनुष्य के रूप में जीवन सफल माना जाएगा।

'गोस्वामी तुलसीदास जी ने भी कहा हैं **सेवा धरम कठिन जग जाना।'** इस समाज सेवक को भी जीवन में बड़े बड़े त्याग करने पड़ते है तब जाकर वह आदर्श स्थापित कर पाता हैं, व्यक्तिगत लाभ और स्वार्थ के झरोखों को बंद कर भोग विलास से दूरी बनाकर काँटों के ताज को पहनना पड़ता हैं भारतीय समाज में भगवान श्रीराम से बढ़कर कोई आदर्श नहीं हो सकता. उन्होंने कांटे के पथ को चुना तथा मानव मात्र की सेवा को ही ईश्वर सेवा मानकर चले थे, तभी तो आज हम उन्हें अनुकरणीय मानते हैं।

भारतीय संस्कृति में भवन

स्वास्थ्य, खुशहाली, सुख-चैन के साथ सफल जीवन जीने की प्राथमिकता के अलावा कुदरत में पर्यावरण के संतुलन बनाए रखने की भारतीय संस्कृति सदियों से चली आ रही है। इंसान ने जमीन पर मकान, मंदिर, मूर्तियाँ, किले, महल आदि का निर्माण किया, जिसने धर्म, अर्थ, काम और मोक्ष की जिम्मेदारी का पूरा-पूरा ध्यान रखा। किन्तु इन सबसे ज्यादा महत्वपूर्ण सूत्र है अंतरिक्ष में हमेशा बने रहने वाले ग्रह नक्षत्र और इस ज्ञान की गंगा को ज्योतिष के नाम से जाना गया।

ब्रह्माण्ड में संचार करती हुई ऊर्जा अर्थात् कास्मिक एनर्जी वास्तुशास्त्र में विशेष महत्व है। किसी भी भवन निर्माण आदि के लिए जमीन के सही चुनाव, निर्माण कार्य, इंटीरियर डेकोरेशन आदि कामों में दिशाओं, पाँच महाभूत तत्वों, पृथ्वी, जल, वायु, तेज या अग्नि तथा आकाश विद्युत चुम्बकीय तरंगों, गुरुत्वाकर्षण, कॉस्मिक एनर्जी तथा दिशाओं की डिग्रियों या अंशों का सुनियोजित ढंग से इस्तेमाल वास्तुकला द्वारा किया जाता है।

ज्योतिष का एक हिस्सा जो भवन निर्माण से संबंध रखता है, वास्तुशास्त्र के नाम से जाना जाता है। दूसरे शब्दों में ब्रह्माण्ड में हमेशा उपस्थित रहने वाली हुई कॉस्मिक ऊर्जा तथा पाँच महाभूत तत्वों का समायोजन वास्तुकला में जिस विद्या द्वारा होता है, वह वास्तुशास्त्र कहलाती है।

अधिकतर वास्तुकला के शौकीन दिशाओं का अंदाज सूर्योदय और सूर्यास्त के आधार पर, मैगनेटिक कम्पास के बिना करते हैं, जबकि इस यंत्र के बिना वास्तु कार्य नहीं करना चाहिए। दिशाओं के सूक्ष्म अंशों को नजरअंदाज नहीं किया जा सकता। अतः जरूरी रिनोवेशन या निर्माण कार्य, अच्छे जानकार वास्तुशास्त्री की देखरेख में ही करवाना ठीक होता है।

ज्योतिष का एक हिस्सा जो भवन निर्माण से संबंध रखता है, वास्तुशास्त्र के नाम से जाना जाता है। दूसरे शब्दों में ब्रह्माण्ड में हमेशा उपस्थित रहने वाली हुई कॉस्मिक ऊर्जा तथा पाँच महाभूत तत्वों का समायोजन वास्तुकला में जिस विद्या द्वारा होता है।

दक्षिण व पश्चिम दिशाएँ अच्छा असर नहीं डालती हैं या अशुभ प्रभाव रखती हैं। मगर सच्चाई कुछ और है। हर एक दिशा में खास अंश होते हैं, जो अच्छा प्रभाव डालते हैं। जैसे 135 से 180 अंश दक्षिण दिशा में, 270 से 310 अंश पश्चिम दिशा में अच्छा प्रभाव रखते हैं। अत: दिशाओं के प्रति पूर्वाग्रह न रखते हुए उनके शुभ अंशा से लाभ उठाने की संभावनाओं का ज्ञान जरूरी है।

दक्षिण पश्चिम दिशा में उत्तर-पूर्व के मुकाबले में खुली जगह कम से कम होनी चाहिए। मुख्य दरवाजा किसी भी दिशा में हो उत्तर-पूर्व वाला भाग दक्षिण-पश्चिम के मुकाबले में खुला, हल्का और साफ-सुथरा होना चाहिए। दूसरे शब्दों में दक्षिण-पश्चिम वाला हिस्सा ऊँचा, भारी, ज्यादा घिरा हुआ होना चाहिए। साथ ही फर्श की सतह का ढलान इस तरह से नीचा होना चाहिए कि पानी का बहाव दक्षिण से उत्तर या पश्चिम से पूर्व की ओर होना चाहिए। बाउंड्री वॉल भी बिलकुल इसी तरह उत्तर और पूर्व में नीची एवं तुलनात्मक रूप से कम मोटी होनी चाहिए। उत्तर दिशा पानी संबंधी बातों से ताल्लुक रखती है, इसीलिए उत्तर-पूर्व में जल संबंधी बातों का प्रावधान रखा गया है, कारण सूर्य की चमत्कारी किरणों का भरपूर इस्तेमाल। एक वैदिक ऋचा में कहा गया है... हे सूर्य देवता...। अपनी किरणों द्वारा हमारे हृदय और फेफड़ों के अंदर के कीटाणुओं का नाश करिए। उत्तर-पूर्व दिशा के बड़े खिड़की दरवाजों को और खुली जगह को इसीलिए इतना महत्व दिया गया है कि कॉस्मिक एनर्जी के साथ अल्ट्रा-वॉयलेट किरणों की संतुलित मात्रा में आवाजाही हो सके। पूर्व दिशा को खास तौर पर एकदम सुबह के उगते हुए सूर्य की अल्ट्रावॉइलेट किरणों के असर की वजह से महत्वपूर्ण बतलाया गया है। हिंदुस्तानी रहन सहन के तौर-तरीकों में इसीलिए ब्रह्ममुहूर्त को इतना महत्व दिया जाता है।

जमीन के नीचे पानी के टैंक, स्विमिंग पूल, कुआँ, बावड़ी, बोरवेल की व्यवस्था का उपरोक्त दिशा में प्रावधान का मुख्य उद्देश्य हाइजीन है। सोने के कमरे का दरवाजा ऐसी जगह पर न बनवाएँ कि बाहर से आते-जाते लोगों की नजर उस कमरे में सोने या आराम करने वालों पर पड़े। ड्राइंग रूम में सोफज कम बैड का प्रयोग यथासंभव कम से कम करें।

रसोई की सबसे बेहतरीन जगह दक्षिण-पूर्व है, दूसरा विकल्प उत्तर-पश्चिम दिशा में है। अगर दाम्पत्य जीवन के तालमेल में कमी के संकेत मिलते हों तो रसोई तथा शयन कक्ष की वास्तु योजना पर खास तौर पर ध्यान देना चाहिए। रसोई की दीवारों का पेंट आदि का भी ध्यान रखना आवश्यक होता है। रसोई घर में पूजाघर या देवताओं की मूर्ति जैसी चीजें न रखें।

खिड़की, दरवाजे और मुख्य रूप से मेन गेट पर काला पेंट हो तो परिवार के सदस्यों के व्यवहार में अशिष्टता, गुस्सा, बदजुबानी आदि बढ़ जाते हैं। घर के जिस भी सदस्य की जन्मपत्रिका में वाणी स्थान व संबंधित ग्रह-नक्षत्र शनि, राहु मंगल और केतु आदि से प्रभावित हों, उस पर उक्त प्रभाव विशेष रूप से दृष्टिगोचर होता हो। मंगल व केतु का प्रभाव हो तो लाल पेंट कुतर्क, अधिक बहस, झगड़ालू और व्यंगात्मक भाषा इस्तेमाल करने की प्रवृत्ति की तरफ इशारा करता है। ऐसे हालात में सफेद रंग का प्रयोग लाभदायक होता है।

रसोई की सबसे बेहतरीन जगह दक्षिण-पूर्व है, दूसरा विकल्प उत्तर-पश्चिम दिशा में है। अगर दाम्पत्य जीवन के तालमेल में कमी के संकेत मिलते हों तो रसोई तथा शयन कक्ष की वास्तु योजना पर खास तौर पर ध्यान देना चाहिए।

अग्नि तत्व या रसोई से संबंध रखने वाली वस्तुओं की सबसे अच्छी व्यवस्था दक्षिण-पूर्व में ही होती है। टेलीविजन, कम्प्यूटर, हीट-कन्वेटर या अन्य ऐसे उपकरण जो एक भवन में सभी या अधिक स्थानों पर हो सकते हैं या ऐसे दूसरे विद्युत उपकरण, जब विभिन्न कमरों में रखने हों तो दिशा ज्ञान प्रत्येक कमरे पर प्रयोग करना चाहिए। उदाहरण के लिए उत्तर-पूर्व में स्थित किसी कमरे में विद्यार्थी के कम्प्यूटर का उचित स्थान उस कमरे के

दक्षिण-पूर्व में होगा। इसी तरह रसोई का सबसे बेहतर स्थान दक्षिण-पूर्व में, दूसरा विकल्प उत्तर-पश्चिम दिशा में है, किन्तु रसोई के खर्चों तथा मानसिक चिंताओं में बेवजह वृद्धि हो जाती है। यदि जन्मकालीन ग्रह-नक्षत्र मंगल दोष दाम्पत्य जीवन के असामंजस्य के संकेत देता हो और ऐसे अनुभव भी हो रहे हों तो अन्य कारणों के साथ किचन तथा बैडरूम के वास्तु पर खास तौर पर ध्यान देना चाहिए।

रसोई में कुकिंग रेंज पूर्व में ऐसे रखें कि खाना बनाने वाले के सामने पूर्व दिशा पड़े। फूड प्रोसेसर, माइक्रोवन, फ्रिज इत्यादि की व्यवस्था दक्षिण-पूर्व में होनी चाहिए। पानी संबंधी कार्य जैसे वाटर फिल्टर, डिशवाशर, बर्तन धोने का सिंक आदि उत्तर-पूर्व वाले भाग में होने चाहिए। पूर्व की दीवार में वॉल कैबिनेट न हों तो बेहतर है यदि जरूरी हो तो यहाँ भारी सामान न रखें। खाने-पीने का सामान उत्तर-पश्चिम दिशा में या रसोईघर के उत्तर-पश्चिम भाग में स्टोर करें जिस दरवाजे से अधिक आना जाना हो या मुख्य द्वार यदि रसोईघर के ठीक सामने हो साथ ही पति पत्नी के ग्रह-नक्षत्र कलह का इशारा देते हैं तो बेहतर होगा कि दरवाजों की जगह बदलवाएँ वरना उक्त परिस्थितियाँ आग में घी का काम करती हैं।

वास्तुशास्त्र में वेध काफी महत्व रखता है। यह बाधा या रूकावट के संकेत देता है। भवन अथवा मुख्य द्वार के सामने अगर पेड़, खंभा, बड़ा पत्थर आदि या जनता द्वारा प्रयोग होने वाले मार्ग का अंत होता है तो उसका विपरीत असर पड़ता है। जब वेध व भवन के बीचों-बीच ऐसी सड़क हो जिसमें आम रास्ता हो तो वेध का प्रभाव पूरी तरह तो नहीं मगर बहुत कुछ कम हो जाता है। घर पर भी किसी कमरे के दरवाजे के सामने कोई वस्तु मसलन जसे सोने के कमरे के सामने ऐसी सजावटी वस्तुएँ तनाव और चिंताओं के कारण या नींद में बाधक हो सकती है।

भवन के बीचों-बीच का हिस्सा ब्रह्म स्थान कहा जाता है। इसे खाली रखा जाना चाहिए। जैसे फर्नीचर या कोई भारी सामान यहाँ पर सेहत व मानसिक शांति को प्रभावित करते हैं। ब्रह्मस्थान वाले क्षेत्र में छत में भारी झाड़ फानूस भी नहीं लटकाएँ जाएँ। इस हिस्से में पानी की निकासी के

लिए नालियों की व्यवस्था का निषेध है, यह आर्थिक नुकसान का संकेतक है।

घर, कार्यालय या संस्था के मुखिया आदि के बैठने, काम करने या सोने की जगह दक्षिण-पश्चिम में बहुत अच्छी मानी गई है। ऐसी स्थिति में उनका अपन से छोटे सदस्यों, बच्चों तथा कर्मचारियों, प्रबंधकों आदि पर बेहतर नियंत्रण रहता है। घर पर मेहमान या आफिस में मुलाकात करने वालों के बैठने का इंतजाम कुछ इस तरह होना चाहिए कि उनका मुँह दक्षिण या पश्चिम की ओर होना चाहिए तथा गृहस्वामी या वरिष्ठ अधिकारी उत्तर या पूर्व की ओर मुँह करते हुए बैठें। बच्चे यदि माता-पिता के अनुशासन में न हों और उनके लिए चिंता का कारक हों तो उत्तर-पूर्व दिशा में बच्चों के सोने व पढ़ने की व्यवस्था करें। टेलीफोन, फैक्स का उचित स्थान उत्तर-पूर्व दिशा में है।

वास्तुशास्त्र के साथ ज्योतिष का ज्ञान होना आवश्यक है। आजकल ज्योतिष और वास्तुशास्त्र एक आकर्षक व्यवसाय के रूप में उभर कर आ रहे हैं। अधकचरे वास्तुशास्त्री अजीबो-गरीब उपाय बतलाते हैं। अतः वास्तुशास्त्री का चुनाव सावधानी से करिए। लोगों की परेशानियों से आनन-फानन छुटकारा दिलवाने का बढ़-चढ़कर दावा करने वालों से हमेशा सावधान रहें।

वास्तुशास्त्र का प्रयोग ज्योतिष को ध्यान में रखते हुए करना अधिक लाभदायक होता है। यह ध्यान रखें कि जीवन सुख-दुःख का मिश्रण है, अतः अंधविश्वास, धर्म, आदि से हटकर इन विधाओं का वैज्ञानिक पक्ष पहचानना सीखें।

भारतीय वास्तु शास्त्र तथा इसके विज्ञान आधारित मूल नियम

भारत भूमि के प्राचीन ऋषि तत्वज्ञानी थे और उनके द्वारा इस कला को तत्व ज्ञान से ही प्रतिपादित किया गया था. आज के युग में विज्ञान नें भी स्वीकार किया है कि सूर्य की महत्ता का विशेष प्रतिपादन सत्य है, क्योंकि ये सिद्ध हो चुका है कि सूर्य महाप्राण जब शरीर क्षेत्र में अवतीर्ण होता है तो आरोग्य, आयुष्य, तेज, ओज, बल, उत्साह, स्फूर्ति, पुरूषार्थ और विभिन्न महानता मानव में परिणत होने लगती है–

क्या वास्तु सम्मत निमार्ण से भाग्य बदल जाता है? यह प्रश्न वास्तु के प्रचलन को देखकर सभी के मन में आता होगा।

आजकल सभी यह सोचकर वास्तु सम्मत निर्माण करने लगे हैं कि शायद ऐसा करने से भाग्य बदल जाएँ प्रत्येक व्यक्ति इस प्रश्न का उत्तर जानना चाहता है। कार्य कोई भी करें यदि वो सही ढंग लक्ष्य को ध्यान में रखकर किया गया है तो अपना फल पूर्ण और शुभ देता है और कार्य यदि अनुचित ढंग से शीघ्रता सहित बिना-सोचे समझें लक्ष्य को ध्यान में रखे बिना किया है तो फल अपूर्ण और अशुभता लिए हुए होता है। वास्तु शास्त्र रहने या कार्य करने के लिए ऐसे भवन का निर्माण करना चाहता है, जिसमें पंच महाभूतों पृथ्वी, जल, अग्नि, वायु और आकाश का सही अनुपात हो अर्थात् एक सन्तुलन हो, इसके अतिरिक्त गुरुत्व शक्ति, चुम्बकीय शक्ति एवं सौर ऊर्जा का समुचित प्रबन्ध हो। जब ऐसा होगा तो उस भवन में रहने वाला व्यक्ति शारीरिक एवं मानसिक क्षमता उन्नत कर सकेगा। यह जान लें कि वास्तु का सम्बन्ध वस्तु या ऐसे निर्माण से है जिसमें पंचमहाभूत का सही अनुपात हो, जबकि भाग्य का सम्बन्ध कर्म से है।

कर्म संचित होते हैं जोकि भाग्य में परिवर्तित हो जाते हैं। वर्तमान हमारे भूतकाल के कर्मों पर आधारित होता है। हमारा भविष्य उन कर्मों पर आधारित होगा जो हम वर्तमान में कर रहे हैं। **कर्म गति टारे नहीं टरे**, जैसा बोए वैसा ही पाएँ कर्मों का फल शुभाशुभ जैसा भी हो हमें भोगना अवश्य पड़ेगा। इतना है कि सुकर्म कष्ट को कम कर देते हैं। प्रकृति में जब भी पंच तत्त्वों का असन्तुलन होता है तो प्रकृति में विकृति आ जाती है जिस कारण भूकम्प, ज्वालामुखी का फटना, तूफान, बाढ़, दैवीय आपदा आदि आती है।

वास्तु निर्माण कार्य वर्तमान समय में अत्यावश्यक हो गया है क्योंकि निर्माण के पश्चात् यदि वास्तु दोष निकले और तक मकान में तोड़-फोड करनी पड़े तो वह अत्यंत कष्टकारक होता है। आर्थिक बोझ भी बढ जाता है। अत: उसका ध्यान रखकर वास्तु निर्माण के पूर्व वास्तुकार से सलाह लेकर यदि भवन या मकान निर्माण करें तो वास्तु दोष से बच सकते हैं।

आधुनिक युग में, आज वास्तु शास्त्र वैज्ञानिकता के आधार पर एक नया मोड़ ले चुका है, क्यों कि पश्चिमी सभ्यता की चकाचौंध नें मानव जाति को कुछ अधिक ही प्रभावित किया है, जिससे कि अपनी मूलभूत धरोहर प्राचीन ज्ञान को आज हम विज्ञान (साइंस) के नाम से संबोधित करने लगे हैं। किन्तु जब प्राचीन वास्तु ज्ञान का आज के विज्ञान नें अनुसंधान किया तो पाया कि कभी प्राचीन वास्तु कला के जो नियम निहित किए गए थे, वें निश्चित ही मानव जीवन की दृष्टि से बेहद उपयोगी थे।

आज भी वैज्ञानिक मानते हैं कि सूर्य की अल्ट्रावायलेट रश्मियों में विटामिन 'डी' प्रचूर मात्रा में पाया जाता है, जिनके प्रभाव से मानव जीवों तथा पेड-पौधों में उर्जा का विकास होता है। इस प्रभाव का मानव के शारीरिक एवं मानसिक दृष्टि से अनेक लाभ हैं। मध्यान्ह एवं सूर्यास्त के समय उसकी किरणों में रेडियोधर्मिता अधिक होती है, जो मानव शरीर, उसके स्वास्थ्य पर प्रतिकूल प्रभाव डालती हैं। अतः आज भी वास्तु विज्ञान में भवन निर्माण के तहत, पूर्व दिशा को सर्वाधिक महत्वपूर्ण स्थान दिया गया है. जिससे सूर्य की प्रातःकालीन किरणें भवन के अन्दर अधिक से अधिक मात्रा में प्रवेश कर सकें और उसमें रहने वाला मानव स्वास्थ्य तथा मानसिक दृष्टिकोण से उन्नत रहे।

वास्तु नियम के अनुसार पूर्व एवं उत्तर दिशा में अधिक से अधिक दरवाजें, खिडकियाँ रखी जानी चाहिए। ये भाग अधिक खुले होने से हवा और रोशनी अधिक मात्रा में प्रवेश करती है। प्रवेश करने वाली हवा दक्षिण-पश्चिम के कम दरवाजों-खिडकियों से धीरे धीरे बाहर निकलती है, जिससे कि भवन का वातावरण स्वच्छ, साफ एवं प्रदूषण मुक्त होता है।

प्रत्येक मनुष्य अपना जीवन आनन्दमय, सुखी व समृद्ध बनाने में हमेशा लगा रहता हैं। कभी-कभी बहुत अधिक प्रयास करने पर भी वह सफल नहीं हो पाता हैं। ऐसे में वह ग्रह शांति, अपने ईष्ट देवी-देवताओं की पूजा अर्चना करता हैं। परन्तु उससे भी उसे आशा अनुरूप फल प्राप्त नहीं होने पर वह अपने भाग्य को कोसता है। जैसा की सर्वविदित है कि भाग्य और वास्तु का गहरा सम्बन्ध हैं यदि आपका भाग्य (कुण्डली) उत्तम हैं और यदि वास्तु

(निवास) में कुछ त्रुटियां हैं तो मनुष्य उतनी प्रगति नहीं कर पाता जितनी करनी चाहिए अर्थात मनुष्य की समृद्धि में भाग्य एवं वास्तु का बराबर-बराबर सम्बन्ध होता हैं।

ग्रह शांति देवी-देवताओं की पूजा अर्चना और प्रयत्नों के अतिरिक्त भी मनुष्य को एक विषय पर और ध्यान देना चाहिए और वह है उसके घर एवं दुकान की वास्तु। वास्तु दोष निवारण करने से मुनष्य के जीवन की पूर्ण काया पलट हो सकती है वह सभी सुख व साधनों को प्राप्त कर सकता है। मकान का निर्माण इस प्रकार करें जो प्राकृतिक व्यवस्था के अनुरूप हो तो वह मनुष्य प्राकृतिक ऊर्जा स्त्रोतों को भवन के माध्यम से अपने कल्याण हेतु उपयोग कर सकता है।

वास्तु नियम में यह भी प्रतिपादित किया गया है कि दक्षिण-पश्चिम भाग हमेशा ऊँचा होना चाहिए एवं दीवारें मोटी बनानी चाहिए। साथ ही इस दिशा में सीढ़ी इत्यादि का भार दिया जाना चाहिए। इसका उदेश्य है कि पृथ्वी जब सूर्य की परिक्रमा दक्षिण दिशा में करती है, तो सूर्य एक विशेष कोणीय स्थिति में होता है। अतः इस क्षेत्र में अधिक भार से संतुलन बना रहता है तथा ऊँची तथा मोटी दीवारें अधिक उष्मा से रक्षा करती हैं। इससे भवन में गर्मी में शीतलता एवं सर्दियों में उष्णता का अनुभव मिलता है।

इसी प्रकार वास्तु नियम में दक्षिण-पूर्वीय (आग्नेय) कोण में 'अग्नेय ऊर्जा'-रसोई बनाने का प्रावधान किया गया, क्योंकि इस क्षेत्र में पूर्व से प्रातःकालीन ताजगी से भरी हवा एवं सूर्य रश्मियों का प्रवेश होता है, जिससे कि रसोई में रखे पदार्थ अधिक समय तक शुद्ध एवं ताजे बने रहें।

उत्तर क्षेत्र में विज्ञान अनुसार, पृथ्वी में चुंबकीय ऊर्जा सघन मात्रा में रहती है। इससे इस क्षेत्र को सबसे पवित्र माना है और इसी कारण पूजा स्थल, साधनास्थली का निर्माण इस स्थान में उचित कहा गया है।

वास्तु नियम में उत्तर-पूर्वी भाग में दैनिक उपभोग में आने वाले जल के स्त्रोत को बनाने का विधान निहित है। विज्ञान की भी इसके पीछे ये मान्यता है कि उससे वह प्रदूषण मुक्त हो जाता है और शुद्ध रहता है। वैज्ञानिक युग

में इस सिद्धान्त को इलैक्ट्रोमैग्नेटिक स्पेक्ट्रम सिद्धान्त से प्रतिपादित किया गया।

दक्षिण दिशा में सिरहाना करने का महत्व प्रतिपादित है, जिसका मूल कारण पृथ्वी के चुम्बकीय क्षेत्र में पड़ने वाला प्रभाव है, क्योंकि सर्वविदित है कि चुम्बकीय प्रभाव उत्तर से दक्षिण की ओर रहता है। मानवीय जैव चुम्बकत्व भी सिर से पैर की ओर होता है। अतः सिर को उतरायण एवं पैरों को दक्षिणायण कहा गया है। यदि सिर उत्तर दिशा में रखा जाए तो पृथ्वी का उत्तरी ध्रुरुव मानव सिर के ध्रुरुव चुम्बकीय प्रभाव को अस्वीकार करेगा। इससे शरीर के रक्त संचार के लिए अनुकूल चुम्बकीय लाभ नहीं होगा।

इसको आधुनिक मस्तिष्क वैज्ञानिकों नें भी माना है कि मस्तिष्कीय क्रिया क्षमता का मूलभूत स्त्रोत अल्फा तरंगों का पृथ्वी के चुंबकीय क्षेत्र में परिवर्तन का संबंध आकाशीय पिंडों से है और यही वजह है कि वास्तु कला शास्त्र हो या ज्योतिष शास्त्र, सभी अपने अपने ढंग से सूर्य से मानवीय सूत्र सम्बंधों की व्याख्या प्रतिपादित करते हैं। अतः वास्तु के नियमों को, भारतीय भौगोलिक परिस्थितियों को ध्यान में रख कर, भूपंचात्मक तत्वों के ज्ञान से प्रतिपादित किया गया है। इसके नियमों में विज्ञान के समस्त पहलुओं का ध्यान रखा गया है, जिनसे सूर्य ऊर्जा, वायु, चन्द्रमा एवं अन्य ग्रहों का पृथ्वी पर प्रभाव प्रमुख है तथा ऊर्जा का सदुपयोग, वायु मंडल में व्याप्त सूक्ष्म से सूक्ष्म शक्तियों का आंकलन कर, उन्हे इस वास्तु शास्त्र के नियमों में निहित किया गया है।

मानवीय जरूरतों के लिए सूर्य, वायु, आकाश, जल और पृथ्वी–इन पाँच सुलभ स्रोतों को प्राकृतिक नियमों के अनुसार प्रबन्ध करने की कला को हम वास्तुशास्त्र कह सकते हैं। अर्थात् पृथ्वी, जल, अग्नि, वायु और आकाश इन पाँच तत्त्वों के समुच्चय को प्राकृतिक नियमों के अनुसार उपयोग में लाने की कला को वास्तुकला और संबंधित शास्त्र को वास्तुशास्त्र का नाम दिया गया है। वर्तमान युग में वास्तुशास्त्र हमें उपरोक्त 5 स्रोतों के साथ कुछ अन्य मानव–निर्मित वातावरण पर दुष्प्रभाव डालने वाले कारणों पर भी ध्यान दिलाता है। उदाहरण के तौर पर विज्ञान के विकास के साथ विद्युत लाइनों, माइक्रोवेव

टावर्स, टीवी, मोबाइल आदि द्वारा निकलने वाली विद्युत चुम्बकीय तरंगें आदि। ये मानव शरीर पर अवसाद, मानसिक तनाव, हड्डियों के रोग, बहरापन, कैंसर, चिड़चिड़ापन आदि उत्पन्न करने का एक प्रमुख कारण पायी गयी हैं। कैंसर जैसे महारोग के प्रमुख कारणों में विद्युत भी एक है।

आधुनिक विज्ञान ने इन दुष्परिणामों को मापने के लिए मापक यंत्रों का भी आविष्कार दिया है, जिससे वातावरण में व्याप्त इनके घातक दुष्प्रभावों का मापन कर उन्हें संतुलित भी किया जा सके। पंचतत्त्वों से निर्मित मानव-शरीर के निवास, कार्यकलापों व शरीर से संबंधित सभी कार्यों के परिवेश अर्थात् वास्तु पर पाँचों तत्त्वों का समुचित साम्य एवं सम्मिलन आवश्यक है अन्यथा उस जगह पर रहने वाले व्यक्तियों के जीवन में विषमता पैदा हो सकती है।

हमारे पुराने मनीषियों ने वास्तुविद्या का गहन अध्ययन कर इसके नियम निर्धारित किये हैं। आधुनिक विज्ञान ने भी इस पर काफी खोज की है। विकसित यंत्रों के प्रयोग से इसको और अधिक प्रत्यक्ष व पारदर्शी बनाया है। शरीर पर हानिकारक प्रभाव डालने वाली उच्च दाब की विद्युत, चुम्बकीय, अल्फा, बीटा, गामा व रेडियो तरंगों के प्रभाव का मापन कर वास्तु का विश्लेषण किया जा सकता है। वर्तमान में हम किसी भी मकान, भूखंड, दुकान, मंदिर कारखाना या अन्य परिसर में वास्तु की निम्न तीन तरह से जाँचकर मानव-शरीर पर इसके प्रभावों की गणना कर सकते हैं।

परम्परागत वास्तुः विभिन्न दिशाओं में आकृति, ऊँचाई, ढाल तथा अग्नि, जल, भूमि, वायु, आकाश के परस्पर समायोजन के आधार पर।

कुछ आवश्यक नियम/जानकारी

–प्लॉट खरीदते समय उस पर खड़े अनुभव करें। यदि आपको सकारात्मक अनुभूति हो तो ही वह प्लॉट खरीदें अन्यथा न खरीदें।

–अगर आप बना हुआ मकान खरीद रहें हैं तो पता लगा लें कि वहाँ पहले रह चुका परिवार खुशहाल परिवार है या नहीं।

–दरिद्रता या किसी मजबूरी के चलते बेचे जाने वाले मकान या प्लॉट को ना ही खरीदें तो बेहतर है। और अगर लेना ही है तो उसमें सावधानी बरतें।

–जीर्ण-शीर्ण अवस्था वाले भवन न खरीदें।

–मकान या प्लॉट को खरीदने से पहले जान लें कि वहाँ की भूमि उपजाऊ है या नहीं। अनुपजाऊ भूमि पर भवन बनाना वास्तु शास्त्र में उचित नहीं माना जाता है।

–भवन के लिए चयन किए जाने वाले प्लॉट की चारों भुजा राइट एंगिल (90 डिग्री अंश कोण) में हों। कम ज्यादा भुजा वाले प्लॉट अच्छे नहीं होते।

प्लाट जहाँ तक संभव हो उत्तरमुखी या पूर्वमुखी ही लें। ये दिशाएँ शुभ होती हैं और यदि किसी प्लॉट पर ये दोनों दिशा (उत्तर और पूर्व) खुली हुई हों तो वह प्लॉट दिशा के हिसाब से सर्वोत्तम होता है।

–प्लाट के एकदम लगे हुए, नजदीक मंदिर, मस्जिद, चौराह, पीपल, वटवृक्ष, सचिव और धूर्त का निवास कष्टप्रद होता है।

–पूर्व से पश्चिम की ओर लंबा प्लॉट सूर्यवेधी होता है जो कि शुभ होता है। उत्तर से दक्षिण की ओर लंबा प्लॉट चंद्र भेदी होता है जो ज्यादा शुभ होता है ओर धन वृद्धि करने वाला होता है।

–प्लॉट के दक्षिण दिशा की ओर जल स्रोत हो तो अशुभ माना गया है। इसी के विपरीत जिस प्लॉट के उत्तर दिशा की ओर जल स्रोत (नदी, तालाब, कुआँ, जलकुंड) हो तो शुभ होता है।

–प्लॉट के पूर्व व उत्तर की ओर नीचा और पश्चिम तथा दक्षिण की ओर ऊँचा होना शुभ होता है।

–भवन का ब्रह्म स्थान रिक्त होना चाहिए अर्थात भवन के मध्य कोई निर्माण कार्य नहीं करें।

–बीम के नीचे न तो बैठें और न ही शयन करें। शयन कक्ष, रसोई एवं भोजन कक्ष बीम रहित होने चाहिए।

–वाहनों हेतु पार्किंग स्थल आग्नेय दिशा में उत्तम रहता हैं क्योंकि ये सभी उष्मीय ऊर्जा (ईधन) द्वारा चलते हैं।

–भवन के दरवाजें व खिड़कियां न तो आवाज करें और न ही स्वतः खुले तथा बन्द हो।

–व्यर्थ की सामग्री (कबाड़) को एकत्र न होने दें। घर में समान को अस्त व्यस्त न रखें। अनुपयोगी वस्तुओं को घर से निकालते रहें।

–भवन के प्रत्येक कोने में प्रकाश व वायु का सुगमता से प्रवेश होना चाहिए। शुद्ध वायु आने व अशुद्ध वायु बाहर निकलने की समुचित व्यवस्था होनी चाहिए। ऐसा होने से छोटे मोटे वास्तु दोष स्वतः समाप्त हो जाते हैं।

–दुकान में वायव्य दिशा का विशेष ध्यान रखना चाहिए। अपना सेल काउंटर वायव्य दिशा में रखें, किन्तु तिजौरी एवं स्वयं के बैठने का स्थान नैऋत्य दिशा में रखें, मुख उत्तर या ईशान की ओर होना चाहिए।

–भवन के वायव्य कोण में कुलर या ए. सी. को रखना चाहिए जबकि नैऋत्य कोण में भारी अलमारी को रखना चाहिए। वायव्य दिशा में स्थायी महत्व की वस्तुओं को कभी भी नहीं रखना चाहिए।

–घर एवं कमरे की छत सफेद होनी चाहिए, इससे वातावरण ऊर्जावान बना रहता है।

–भवन में सीढ़ियाँ पूर्व से पश्चिम या दक्षिण अथवा दक्षिण पश्चिम दिशा में उत्तर रहती है। सीढिया कभी भी घूमावदार नहीं होनी चाहिए। सीढ़ियों के नीचे पूजा घर और शौचालय अशुभ होता है। सीढ़ियों के नीचे का स्थान हमेशा खुला रखें तथा वहाँ बैठकर कोई महत्वपूर्ण कार्य नहीं करना चाहिए।

–पानी का टेंक पश्चिम में उपयुक्त रहता हैं। भूमिगत टंकी, हैण्डपम्प या बोरिंग ईशान (उत्तर पूर्व) दिशा में होने चाहिए। ओवर हेड टैंक के लिए उत्तर और वायव्य कोण (दिशा) के बीच का स्थान ठीक रहता है। टेंक का ऊपरी हिस्सा गोल होना चाहिए।

–शौचालय की दिशा उत्तर दक्षिण में होनी चाहिए अर्थात इसे प्रयुक्त करने वाले का मुँह दक्षिण में व पीठ उत्तर दिशा में होनी चाहिए। मुख्य द्वार के बिल्कुल समीप शौचालय न बनावें। सीढियों के नीचे शौचालय का निर्माण कभी नहीं करवायें यह लक्ष्मी का मार्ग अवरूद्ध करती है। शौचालय का द्वार

हमेशा बंद रखे। उत्तर दिशा, ईशान, पूर्व दिशा एवं आग्नेय कोण में शौचालय या टेंक निर्माण कदापि न करें।

–भवन की दीवारों पर आई सीलन व दरारें आदि जल्दी ठीक करवा लेनी चाहिए क्योकि यह घर के सदस्यों के स्वास्थ्य के लिए ठीक नहीं रहती।

–घर के सभी उपकरण जैसे टीवी, फ्रिज, घड़ियां, म्यूजिक सिस्टम, कम्प्यूटर आदि चलते रहने चाहिए। खराब होने पर इन्हें तुरन्त ठीक करवा लें क्योकि बन्द (खराब) उपकरण घर में होना अशुभ होता है।

–दक्षिण दिशा में रोशनदान खिड़की व शाट भी नहीं होना चाहिए। दक्षिण व पश्चिम में पड़ोस में भारी निर्माण से तरक्की अपने आप होगी व उत्तर पूर्व में सड़क पार्क होने पर भी तरक्की खुशहाली के योग अपने आप बनते रहेगें।

–मुख्य द्वार उत्तर पूर्व में हो तो सबसे बढ़िया हैं। दक्षिण, दक्षिण-पश्चिम में हो तो अगर उसके सामने ऊँचे व भारी निर्माण होगा तो भी भारी तरक्की के आसार बनेगें, पर शर्त यह हैं कि उत्तर पूर्व में कम ऊँचे व हल्के निर्माण तरक्की देगें।

–यदि सम्भव हो तो घर के बीच में चौक (बरामदा) अवश्य छोड़े एवं उसे बिल्कूल साफ-स्वच्छ रखें। इससे घर में धन-धान्य की वृद्धि होती है।

–घर का प्रवेश द्वार यथासम्भव पूर्व या उत्तर दिशा में होना चाहिए। प्रवेश द्वार के समक्ष सीढियाँ व रसोई नहीं होनी चाहिए। प्रवेश द्वार भवन के ठीक बीच में नहीं होना चाहिए। भवन में तीन दरवाजे एक सीध में न हो।

–भवन में कांटेदार वृक्ष व पेड़ नहीं होने चाहिए ना ही दूध वाले पोधे-कनेर, ऑकड़ा केक्टस आदि। इनके स्थान पर सुगन्धित एवं खूबसूरत फूलों के पौधे लगाये।

–घर में युद्ध के चित्र, बन्द घड़ी, टूटे हुए कॉच, तथा शयन कक्ष में पलंग के सामने दर्पण या ड्रेसिंग टेबल नहीं होनी चाहिए।

–भवन में खिड़कियों की संख्या सम तथा सीढ़ियों की संख्या विषम होनी चाहिए।

–भवन के मुख्य द्वार में दोनों तरफ हरियाली वाले पौधे जैसे तुलसी और मनीप्लान्ट आदि रखने चाहिए। फूलों वाले पोधे घर के सामने वाले आंगन में ही लगाए। घर के पीछे लगे होने से मानसिक कमजोरी को बढावा मिलता है।

–मुख्य द्वार पर मांगलिक चिन्ह जैसे **स्वास्तिक,** ऊँ आदि अंकित करने के साथ साथ गणपति लक्ष्मी या कुबेर की प्रतिमा स्थापित करनी चाहिए।

–मुख्य द्वार के सामने मन्दिर नहीं होना चाहिए। मुख्य द्वार की चौड़ाई हमेशा ऊँचाई की आधी होनी चाहिए।--मुख्य द्वार के समक्ष वृक्ष, स्तम्भ, कुआं तथा जल भण्डारण नहीं होना चाहिए। द्वार के सामने कूड़ा कर्कट और गंदगी एकत्र न होने दे यह अशुभ और दरिद्रता का प्रतिक है।

–रसोई घर आग्नेय कोण अर्थात दक्षिण पूर्व दिशा में होना चाहिए। गैस सिलेण्डर व अन्य अग्नि के स्त्रोतों तथा भोजन बनाते समय गृहणी की पीठ रसोई के दरवाजे की तरफ नहीं होनी चाहिए। रसोईघर हवादार एवं रोशनीयुक्त होना चाहिए। रेफ्रिजरेटर के ऊपर टोस्टर या माइक्रोवेव ओवन ना रखे। रसोई में चाकू स्टैण्ड पर खड़ा नहीं होना चाहिए। झूठें बर्तन रसोई में न रखे।

–ड्राइंग रूम के लिए उत्तर दिशा उत्तम होती है। टी. वी., टेलिफोन व अन्य इलेक्ट्रोनिक उपकरण दक्षिण दिशा में रखें। दीवारों पर कम से कम कीलें प्रयुक्त करें। भवन में प्रयुक्त फर्नीचर पीपल, बड़ अथवा बहेडे के वृक्ष की लकड़ी का नहीं होना चाहिए।

–किसी कोने में अधिक पेड़–पौधें ना लगाए इसका दुष्प्रभाव माता–पिता पर भी होता हैं वैसे भी वृक्ष मिट्टी को क्षति पहुँचाते हैं।

–घर का मुख्य द्वार छोटा हो तथा पीछे का दरवाजा बड़ा हो तो वहाँ के निवासी गंभीर आर्थिक संकट से गुजर सकते हैं।

–घर का प्लास्टर उखड़ा हुआ नहीं होना चाहिए चाहे वह आंगन का हो, दीवारों का या रसोई अथवा शयनकक्ष का। दरवाजे एवं खिड़किया भी क्षतिग्रस्त नहीं होनी चाहिए। मुख्य द्वार का रंग काला नहीं होना चाहिए। अन्य दरवाजों एवं खिडकी पर भी काले रंग के इस्तेमाल से बचे।

–मुख्य द्वार पर कभी दर्पण न लगायें। सूर्य के प्रकाश की आर कभी भी कॉच ना रखे। इस कॉच का परिवर्तित प्रकाश आपका वैभव एवं ऐश्वर्य नष्ट कर सकता है।

वास्तु के इन मुख्य नियमों का पालन कर हम सुख एवं समृद्धि में वृद्धि कर खुशहाल रह सकते हैं। यदि दिशाओं का ध्यान रखकर भवन का निर्माण एवं भूखण्ड की व्यवस्था की जाए तो समाज में मान सम्मान बढ़ता हैं। इस प्रकार भारतीय वास्तु शास्त्र के सिद्धान्तों का पालन कर हम सुख एवं वैभव की प्राप्ति कर सकते हैं।

भारतीय संस्कृति में भ्रमण

भारतीय सभ्यता एवं संस्कृति में धर्म एवं धार्मिक क्रिया कलापों का प्राचीन काल से ही महत्वपूर्ण स्थान रहा है। भारतीयों ने प्रकृति के मनोरम एवं पवित्र स्थलों यथा-विशाल एवं लम्बी नदियों, पर्वत एवं वन आदि के साथ अपने आराध्यदेव का तादात्म्य स्थापित करते हुए स्थायी स्मारकों एवं वस्तुओं का निर्माण किया जिससे उनका धर्म युग-युगान्तर तक अमर रहे और इस क्रम में तीर्थ परम्परा की जो नींव पड़ी, वह अनवरत रूप से अपने आध्यात्मिक एवं दर्शनीय महत्व के कारण चली आ रही है। गुरूदेव रवीन्द्र नाथ ठाकुर ने अपनी कृति 'साधना' में कहा है, 'भारत ने तीर्थयात्रा के स्थलों को वहीं चुना जहाँ प्रकृति में विशिष्ट आवश्यकताओं से ऊपर उठ सके और अनन्त में अपनी स्थिति परिज्ञान कर सके।'

प्रकृति के ये सभी स्थल आज भारतीयों के लिए प्रेरणा-स्रोत बने हुए हैं और इन्हीं स्थलों के दर्शन भारतीयों को सन्मार्ग एवं सदाचार के मार्ग पर चलने के लिए प्रेरित करते हैं। अतीत में भारत के संत-महात्माओं ने इन्हीं स्थानों पर जीवन एवं जगत के गूढ़तम एवं जटिल रहस्यों को जाना तथा मानवता का संदेश दिया। कालान्तर में ये स्थल भारतीयों के लिए तीर्थस्थल बनते चले गए। तीर्थों एवं पुनीत स्थलों का उल्लेख अत्यंत प्राचीन काल से होता आया है।

प्राचीन भारत में तीर्थयात्रा का इसलिये भी महत्व था क्योंकि आज की भांति भारत राजनैतिक दृष्टि से एक न था अपितु यह विभिन्न राज्यों, सम्प्रदायों तथा उपसम्प्रदायों में विभाजित था किंतु तीर्थ यात्राओं के माध्यम से देश के सांस्कृतिक एवं मौलिक एकीकरण को आधार मिला। बदरीनाथ, केदारनाथ, प्रयाग एवं रामेश्वरम् आदि तीर्थ स्थल उत्तर एवं दक्षिण में समान रूप से पवित्र माने जाते हैं।

तीर्थयात्रा को महाभारत एवं पुराणों में यज्ञों से भी श्रेष्ठ बताया गया है क्योंकि यज्ञादि में अनेकानेक उपकरणों एवं पात्रों की उपस्थिति आवश्यक होती है, तीर्थ यात्रा सिर्फ धार्मिक स्थलों पर भ्रमण नहीं होता है, बल्कि यह एक आध्यात्मिक यात्रा होती है, जिसे तय करने के लिए अटूट भक्तिभाव और समर्पण की आवश्यकता होती है। ईश्वर के प्रति समर्पण भाव ही श्रद्धालुओं को दुर्गम यात्राओं की शक्ति प्रदान करता है। ईश्वरीय सत्ता के प्रति के समर्पण का भाव विभिन्न मंदिरों में यात्रा कर रहे श्रद्धालुओं में आम तौर पर देखा जा सकता हैं। जहाँ ऊंच-नीच का भेद भूलकर जयकारे लगाते चलते हैं।

हिंदू धर्म में तीर्थाटन का विशेष महत्व हमेशा से रहा है। धर्म के प्रति आस्था रखने वाले हर हिंदू की इच्छा होती है कि वह तीर्थ दर्शन को जाएँ तीर्थ स्थल पर पहुँच कर ईश्वर के सामिप्य की अनुभूति करे। हिंदू धर्म में ईश्वर को साकार व निराकार दोनों रूपों में पूजा जाता है। दोनों का अपना महत्व है। कुछ मिलाकर कहें तो लक्ष्य एक है कि आत्म ज्योति को परम ज्योति में विलीन करना। आत्म चेतना को जागृत करना। प्रश्न यह है कि तीर्थो में ऐसा क्या है? जिसके लिए मनुष्य तमाम त्याग और बलिदान देने के लिए तैयार हो जाता है। खास बात यह है कि तीर्थाटन के लिए त्याग और बलिदान की परंपरा प्राचीन समय से चली आ रही है। श्रवण कुमार का उदाहरण लें तो वह अपने माता-पिता को कंधे पर उठाकर तीर्थ दर्शन के लिए ले जा रहा था। यात्रा के तमाम कष्ट सहें। फिर भी माता-पिता को तीर्थाटन के लिए निकला था। इस विश्व में जितने भी तीर्थ हैं। वह सभी भगवान और भक्तो के साथ से बने हैं। इसको इस साधारण भाषा में यूं समझ सकते है कि भक्त बिना भगवान नही, भगवान बिना भक्त नहीं, और इन दोनो के बिना तीर्थ नही।

तीर्थयात्रा का उद्देश्य

तीर्थ का अर्थ है—पवित्र करने वाला। उस नदी, सरोवर, मंदिर अथवा भूमि को तीर्थ कहा जाता है, जहाँ भगवद् दिव्य शक्ति का वास माना जाता है। जिस भूमि में दिव्य पावन कारिणी शक्ति होती है, वहाँ जाने से मानव अपने अंतःकरण में पावनता की अनुभूति करता है।

तीर्थयात्रा का उद्देश्य है–अंतः करण की शुद्धि एवं उसके फलस्वरूप मानव जीवन का परम लक्ष्य भगवत्प्राप्ति। अतः शास्त्रों ने अन्तः करण की शुद्धि करने वाले साधनों को प्रकाश में लाने का विशेष प्रयत्न किया है। शास्त्रों में स्पष्ट कहा गया है कि जो लोग इंद्रियों को वश में नहीं रखते। जो लोभ, काम, क्रोध, दम विषयासक्ति को लेकर उन्हीं की आपूर्ति के उद्देश्य से तीर्थयात्रा करते हैं, उन्हें तीर्थदर्शन, स्नानादि का फल नहीं मिलता है।

पाप से तारने वाला 'तीर्थ'

'तीर्थ' शब्द संस्कृत भाषा का शब्द है जो 'त्र' धातु में 'थक' प्रत्यय के योग से बना है। इसका अर्थ है-पाप से तारने वाला या भव सागर से पार उतारने वाला। संस्कृत भाषा की एक उक्ति भी तीर्थ शब्द का ऐसा ही अर्थ व्यक्त करती है–

तारयितुम समर्थः इति तीर्थः।

अर्थात् जो तार देने या पार कर देने में समर्थ है, वही तीर्थ है।

'तीर्थ' शब्द का अर्थ बहुत व्यापक है। साधारणतया तीर्थ उन्हीं स्थानों को मानने की परंपरा रही है जो या तो किसी नदी के किनारे किसी बड़े सरोवर तालाब या विस्तृत जलखंड के किनारे स्थित हों, जहाँ पहुँच कर व्यक्ति उनके पावन जल में स्नान कर अपना पापमोचन कर सके।

'पद्मपुराण' में भी एक स्थान पर इसी उक्ति का सत्यापन हुआ है गन्तव्यः।

तस्मात् तीर्थेषु गन्तव्यः नर संसारभीरुभिः।
पुण्योदकेषु सततं साधु श्रेणी विराजेषु॥

किंतु इसी पुराण में एक अन्य स्थान पर गुरु तीर्थ, माता-पिता तीर्थ आदि का वर्णन भी आया है। गुरु शिष्य को शिक्षा प्रदान कर उसके अज्ञानरूपी अंधकार को दूर कर देता है, अतः शिष्य के लिए गुरु तीर्थ है। माता-पिता अपने पुत्र के इहलोक एवं परलोक को सुधारने में सबसे अधिक योगदान करते हैं, अतः पुत्र के लिए माता-पिता तीर्थ हैं। पत्नी के लिए उसका पति परमतीर्थ है।

इसी प्रकार जिन स्थानों पर प्रसिद्ध मंदिर एवं पूजा-स्थल हैं, उन्हें भी तीर्थ कहा गया है। उन सरोवरों, कूपों को भी तीर्थ कहा गया है, जो किन्हीं पुण्य स्थानों या पूजा स्थलों से संबद्ध है। साधु-महात्मा, पुण्यात्मा, धर्मोपदेष्टा, संन्यासी आदि को भी तीर्थ की संज्ञा प्रदान की गई है। ऐसे महात्मा में जो परमहंस की स्थिति को प्राप्त हो गए उनके नामों के आगे तीर्थ शब्द जोड़ा जाने लगा, जैसे स्वामी रामतीर्थ स्वामी प्रेमानन्द तीर्थ आदि। इस प्रकार यह सिद्ध होता है कि प्राचीनकाल से ही तीर्थ हमारी आस्था व विश्वास के केंद्र रहे हैं। मनुष्य जीवन ही ऐसा है, जिसमें सदैव संघर्ष के क्षण आते रहते हैं। इन्हीं संघर्षशील क्षणों में मनुष्य भूले बिसरे उचित-अनुचित कार्य कर बैठता है, जो पुण्य-पाप का कारण बन जाते हैं। जब उसे अपने पाप-कृत्य का बोध होता है, वह बेचैन हो उठता है। वह अपने ऊपर एक नैतिक दवाव महसूस करने लगता है और शीघ्र उससे छुटकारा पाना चाहता है, जिससे उसका चित्त शांत हो सके। तब वह शास्त्रों द्वारा निर्दिष्ट उपायों का आश्रय लेता है और तीर्थों की ओर दौड़ता है। यह तीर्थ ही मनुष्य के पापों का मोचन कर उसे भवसागर पार कराने में समर्थ हैं। इस पार से उस पार ले जाने की यात्रा तारने की यात्रा ही तीर्थयात्रा कहलाती है। इसे दूसरे शब्दों में आध्यात्मिक यात्रा भी कहा जा सकता है। तीर्थ यात्रा का असली मकसद तो आत्मा का उद्धार करना और चेतना को जागृत करना है। आत्मा के कल्याण के लिए तीर्थ यात्रा करनी चाहिए, इससे जीव का सदैव कल्याण होता है। भोगों को प्राप्त करने की इच्छा के लिए तीर्थाटन नहीं करना चाहिए। कहने का आशय यह है कि तीर्थाटन में भाव का महत्व होता है, इसलिए भाव हमेशा ही आत्मकल्याण का ही होना चाहिए, जो भी जीव आत्मा के कल्याण के लिए श्रद्धा व भक्तिपूर्वक नियम का पालन करते हुए तीरथ यात्रा करते हैं। उसे मोक्ष की प्राप्ति के साथ अन्य लाभ भी होता है। उनका सदैव ही कल्याण होता है। अनुभव में यह भी आया है कि यदि सच्चे मन और आत्मकल्याण की भावना से तीर्थ यात्रा की जाती है और धर्मानुकूल आचरण करते हुए तीर्थ दर्शन किए जाते है तो मनुष्य उस यात्राकाल के दौरान एक अलग मानसिक उर्जा की अनुभूति भी करता है, जो उसे संसारिक भोगों से दूर कर निष्काम भाव से ईश्वर की आराधना के लिए प्रेरित करती है, जो कि उसके आत्मकल्याण में सहायक बनती है।

तरति संसार महार्णवं येन तत्तीर्थमिति।

'स्कंदपुराण' के काशीखंड में तीन प्रकार के तीर्थ कहे गए हैं–

तीर्थ प्रकार

1. **स्थावर तीर्थः पृथ्वी पर स्थित समस्त तीर्थ-गंगोत्री, यमुनोत्री, गंगा, यमुना आदि नदियां, हिमालय, कैलाश आदि पर्वत वृंदावन, नैमिषारण्य आदि वन अथवा ऐसे वन जहाँ आश्रम, गुरुकुल आदि रहे हैं, स्थावर तीर्थ कहे गए हैं।**
2. **जंगम तीर्थः ब्राह्मण एवं साधु-संन्यासी, ऋषि-महात्मा जंगम अर्थात् चलते-फिरते तीर्थ हैं।**
3. **मानस तीर्थः सत्य, क्षमा, दया, इंद्रिय निग्रह, दान, धर्म, तप, ब्रह्मचर्य, ज्ञान, धैर्य आदि मानस तीर्थ कहे गए हैं**

सभी तीर्थों में मानस तीर्थ ही सर्वश्रेष्ठ हैं। मानस तीर्थ ही अन्तः करण की विशुद्धि के कारक तत्त्व हैं। बिना अंतःकरण की शुद्धि के स्थावर तीर्थ का कोई फल नहीं प्राप्त होता। लोभी, लंपट, विषयी व्यक्ति बिना मन की शुद्धि के कभी भी भवसागर से पार नहीं हो सकते। प्रायः तीर्थस्थल एकांत, सुंदर, अद्‌भुत प्राकृतिक सौंदर्य से परिपूर्ण पर्वतों की उपत्यकाओं, गुफाओं अथवा पवित्र नदियों के तट पर स्थित हैं। प्राकृतिक सौंदर्य से आच्छादित तीर्थस्थलों में निवास कर रहे योगी-तपस्वीजनों की तेजस्विता एवं सज्जनों की पुण्यचर्या, पूजा-पाठ वहाँ के वातावरण को निरंतर पवित्रता प्रदान करते रहते हैं। ऐसे सिद्ध क्षेत्र में पहुँचकर तीर्थयात्रियों के मन को अदभुत शांति मिलती है, साथ ही पुण्यात्मा साधु-संतों के दर्शन एवं सत्संग से विचारों की शुद्धि एवं जीवन के चरम लक्ष्य को पाने की प्रेरणा मिलती है। तीर्थों को महत्ता वैदिक वाङ्मय से लेकर पुराणों तक निर्विवाद रही है। अथर्ववेद (18.4.5) में तीर्थों के माध्यम से महान् विपत्तियों को पार करने की बात उल्लिखित है। तीर्थ की महत्ता इसी में है कि उसके द्वारा व्यक्ति अपने संकटों से मुक्ति पा लेता है। इसके अतिरिक्त भी तीर्थों से अनेकविध फल प्राप्त होते हैं जैसे-पापों से निवृत्ति व पुण्यसंचय, मुक्ति या मोक्ष की प्राप्ति, देवकृपा की प्राप्ति, चारित्रिक

विकास आध्यात्मिक जागरण, समष्टि कल्याण, सामाजिक समन्वय, सांस्कृतिक एकता, राष्ट्रीय एकता आदि। व्यक्ति को पूर्ण विश्वास है कि तीर्थों की यात्रा करने, वहाँ की नदियों, सरोवरों के पुण्य जल में स्नान करने से ईश्वर की अप्रत्याशित कृपा प्राप्त होती है, उसकी सभी मनोकामनाएं पूर्ण हो जाती हैं। तीर्थों के कारण मनुष्य का चारित्रिक विकास भी होता है। पूर्ण समर्पित भाव से जब मनुष्य तीर्थों की ओर रुख करता है, तो उसके मन से नकारात्मक भाव तिरोहित हो जाते है। उसका मन सकारात्मक ऊर्जा से पूर्ण हो जाता है। काम-क्रोध, लोभ मोह आदि उसके मन से लुप्त हो जाते हैं एवं उसका मन पवित्र होकर स्वयं तीर्थरूप हो जाता है। चित्त की निर्मलता ही तीर्थ स्वरूप होने की सीढ़ी है।

तीर्थ सामाजिक सामंजस्य स्थापित करने में भी महत् भूमिका निभाते हैं। तीर्थों में आयोजित होने वाले महान स्नान पर्व, उत्सव, मेलों में विभिन्न जाति-संप्रदाय के लोग विभिन्न उद्देश्यों को लेकर उपस्थित होते हैं एवं पर्व को सफल बनाने में योगदान करते हैं। शैव, शाक्त, वैष्णव सभी हिंदू इन तीर्थों में आकर आपस का भेदभाव मिटाकर दूसरे की मदद करते हैं। इसी प्रकार तीर्थों में विभिन्न संस्कृतियों के लोग एकजुट होकर सांस्कृतिक एकता की मिसाल भी कायम करते हैं। वैसे भी भारतीय संस्कृति अनेकता में एकता की पक्षधर रही है। प्रमुख तीर्थों में पर्वो के अवसर पर अनेक मत-मतानुयायियों का बिना किसी प्रकार के आपसी भेदभाव के एक साथ इकट्ठा होकर रहना सांस्कृतिक एकता का प्रमाण है। प्रयाग के कुंभ मेले में कहीं नागा साधु, कहीं हठयोगी, कहीं ध्यान में स्थित संन्यासी तो कहीं तांत्रिक, कहीं भजन की लहरियां तो कहीं आध्यात्मिक प्रवचन कहीं मृदंग ताल तो कहीं नृत्य सब एकसाथ बिना आपसी भेदभाव के चलता रहता है। ये सांस्कृतिक एकता की मिसाल ही हैं। इसका कारण है कि हमारी संपूर्ण संस्कृति व कला तीर्थों में ही उपजी पली बढ़ी है। इसी कारण कुछ तीर्थों की महत्ता इतनी अधिक बढ़ी कि उन्हें तीर्थराज कहा जाने लगा। भारत में कतिपय धार्मिक संस्कारों को संपन्न करने के लिए भी कुछ स्थलों को तीर्थों की मान्यता प्रदान की गई है। उदाहरण के लिए हिंदूधर्म में अस्थि विसर्जन, पिंडोदक क्रिया, मुंडन संस्कार

आदि जहाँ पर संपन्न होते हैं उन्हें तीर्थ की गरिमा प्रदान कर दी गई। यह देखते हुए तीर्थों की तीन श्रेणियां निर्धारित की गई हैं।

1-नित्य तीर्थ

2-भगवदीय तीर्थ

3-संत तीर्थ

काशी कैलाश मानसरोवर आदि तीर्थों को नित्य तीर्थ कहा गया है इन तीर्थों में सृष्टि के प्रारंभकाल से ही दिव्य पावनकारिणी शक्ति रही है। इसी प्रकार गंगा, यमुना, नर्मदा (रेवा) गोदावरी एवं कावेरी नदियां भी नित्यतीर्थ मानी गई हैं। जिन-जिन स्थानों पर ईश्वर ने अवतार लिए, जहाँ उन्होंने कोई लीला की या जहाँ उन्होंने किसी भक्त को दर्शन दिए वे भगवदीय तीर्थ कहे जाते हैं। अयोध्या, मथुरा रामेश्वरम् आदि तीर्थ भगवदीय तीर्थ हैं। जो जीवनमुक्त, देहातीत, परम भागवत अथवा भगवत्प्रेम में तन्मय संत हैं, उनका शरीर भले ही पंचभूतिक तथा नश्वर हो, किंतु उस देह में संत के दिव्य गुण ओत प्रोत हैं। उनके शरीर से निरंतर दिव्य गुणों का प्रवाह होता रहता है। इस प्रकार ऐसे संत के चरण जहाँ-जहाँ पडते हैं. वह स्थान तीर्थरूप हो जाता है। संत की जन्मभूमि, साधनभूमि एवं निर्वाणभूमि भी तीर्थ हो जाती है इस प्रकार वे संत तीर्थ हो जाते हैं।

1. **चार धामः** जहाँ ईश्वर का निवास हो. वही धाम कहलाया। शास्त्रों में वर्णित चार धाम वही हैं, जहाँ स्वयं श्री रमापति विष्णु ने अपने अवताररूप निवास किया। ये चार धाम हैं-1 पूरब में जगन्नाथपुरी 2 पश्चिम में द्वारका, 3 उत्तर में बदरीनाथ 4 दक्षिण में रामेश्वरम्। इन चार धामों के अतिरिक्त उत्तराखंड (पुराना नाम उत्तर प्रदेश) में जिन चार धामों की मान्यता है, वे हैं-बदरीनाथ, केदारनाथ गंगोत्री एवं यमुनोत्री। इन चार धामों की तीर्थयात्रा करने से भी संपूर्ण तीर्थों का फल मिलता है ऐसा शास्त्रों में कहा गया है।
2. **सप्त पुरियां सात पुरियांः** अयोध्या, मथुरा, काशी, हरिद्वार अवंतिका, कांचीपुरम् एवं द्वारका की गणना महत्त्वपूर्ण तीर्थों में की गई है।

3. **बारह ज्योतिर्लिंग पूरे भारत में शिव के बारह ज्योतिर्लिंग हैं** जो भिन्न-भिन्न राज्यों में स्थित हैं। इनका भी तीर्थों में महत्त्वपूर्ण स्थान है। ज्योतिर्लिंग इस प्रकार हैं 1. सोमनाथ, 2. मल्लिकार्जुन 3. महाकालेश्वर, 4. वैद्यनाथ 5. ओंकारेश्वर, 6. भीमशंकर, 7. नागेश्वर, 8. काशी विश्वनाथ, 10. त्र्यम्बकेश्वर, 11. केदारनाथ, और 12. घुश्मेश्वर।
4. **पंच सरोवर भारत में पांच सरोवर हैं,** जहाँ स्नान करने से मुक्ति मिलने की बात कही गई है। ये पांच सरोवर हैं– 1. मानसरोवर 2. पुष्करसरोवर, 3. बिंदुसरोवर (सिद्धपुर), 4. नारायणसरोवर और 5. चंपासरोवर।
5. सप्त सरिताएं यद्यपि वेदों एवं पुराणों में अनेक नदियों की धार्मिक महत्ता वर्णित है, किंतु सप्त सरिताओं की महत्ता विशेष है। इनके पावन जल के स्पर्शमात्र से ही मनुष्य के सारे कल्मष धुल व उसे भवबंधन से मुक्ति मिल जाती है। ये सप्त सरिताएं इस प्रकार हैं– 1. गंगा, 2. यमुना 3. गोदावरी 4. सरस्वती, 5. नर्मदा, 6. सिंधु और 7. कावेरी। इन पवित्र नदियों के तट पर अनेक छोटे-बड़े तीर्थ हैं जिनकी यात्रा, तदुपरान्त वहाँ पूजा-अर्चना करके यात्री पुण्यलाभ लेते हैं।
6. **देवी के 52 शक्तिपीठों** का वर्णन किया गया है, साथ ही वहाँ पहुँचने के मार्ग व साधनों का भी वर्णन किया गया है
7. **देवी के जाग्रत प्रधान 12** विग्रह देश के विभिन्न क्षेत्रों में स्थित देवी के 12 विग्रह हैं जो इस प्रकार है– 1. कामाक्षी देवी (कांचीपुरम्) 2. भ्रमराम्बा या भ्रामरी (मलयगिरि) 3. कुमारी (कन्याकुमारी, केरल) 4. अम्बा (आनर्त, गुजरात) 5. महालक्ष्मी (कावरी, कोल्हापुर) 6. कालिका (मालवा, उज्जैन) 7. ललिता या अलोपी (प्रयाग) 8. विंध्यवासिनी (विंध्याचल) 9. विशालाक्षी (वाराणसी) 10. मंगलागौरी या मंगलावती (गया) 11. सुंदरी (बंगाल) और 12. गुह्यकेश्वरी (नेपाल)।

जबकि तीर्थयात्रा सर्वसुलभ होती है। तीर्थयात्रा का वास्तविक प्रयोजन तन-मन को पवित्र कर आत्मा का उद्धार करना है।

तीर्थ ही राष्ट्र की आत्मा हैं। तीर्थ भक्त और भगवान को जोड़ें या न जोड़े परंतु अपनी सांस्कृतिक विरासत से अवश्य जोड़ते है। भारत में अनेक तीर्थ हैं। लोग अपनी-अपनी आस्था के अनुसार आत्म-शुद्धि के लिए तीर्थयात्रा करते रहे हैं। पवित्र तीर्थों की यात्रा करने की परम्पर अनादि काल से है। प्राचीनकाल में जब यातायात के साधन आज की भांति विकसित नहीं थे तब भी लोग कर्तव्य भावना से एवं शुद्ध-बुद्ध से आराधना और पुण्य संचय का साधन मानकर हजारों मील की दुर्गम यात्राएं हर कष्ट को सहते हुए पैदल ही किया करते थे।

दुर्गम, पहाड़ों पर, घने जंगलों में, नदियों के तट पर, सागर तट पर, संगम में मरूस्थलों में जहाँ-जहाँ भी संतों-ऋषियों ने तपस्या की वहाँ जीवन में कम से कम एक बार पहुँचने की इच्छा हर आस्थावान भारतीय रखता है। बारह वर्ष बाद लगने वाले कुम्भ आमजन तथा बुद्धिजीवियों के मिलन के मेले हैं जहाँ आपसी संवाद और रीति-रिवाजों का परिचय होता है।

भारतवर्ष में 98 प्रतिशत व्यक्ति जब अपने घर से बाहर कहीं निकलते हैं तो मुख्यत: तीर्थयात्रा करने के लिए ही निकलते हैं। छुट्टियों में भी लोग वैष्णो देवी, हरिद्वार, तिरूपति आदि स्थानों की यात्राएं करते हैं। भीषण झंझावातों को झेल, हजारों वर्षों के विदेशी आक्रमणों के पश्चात् भी भारत राष्ट्र, यहाँ का धर्म एवं संस्कृति जीवित रही, इसके पीछे कुछ न कुछ तो विशेष बात रही ही है।

जो व्यक्ति अहंकार एवं कुप्रवृत्तियों से रहित है, वहीं तीर्थफल प्राप्त करता है। जो अकल्यक है (प्रवंचना कपट से दूर), निरारम्भ है (धन कमाने के लिए भांति-भांति के उद्योगों से निवृत्त) जितेन्द्रिय है (इन्द्रियों के संयम द्वारा पाप कर्मों से दूर) है और जो अक्रोधी है, सत्यशील है, दृढ़वृत्ती है, अपने समान ही अन्यों को जानने-मानने वाला हो, इसका तात्पर्य यह है कि जिन्हें ये विशेषताएं प्राप्त नहीं हैं, वे तीर्थयात्रा द्वारा पापों का विनाश कर सकते हैं किन्तु जो इन गुणों से युक्त हैं वे और भी अधिक पुण्य फल प्राप्त करते है।

वायुपुराण में कहा गया है कि पाप कर्म कर लेने पर यदि धीर (दृढ़ संकल्प या बुद्धिमान), श्रद्धावान एवं जितेन्द्रिय व्यक्ति तीर्थयात्रा करने से शुद्ध हो जाता है तो उसके विषय में क्या कहना जिसके कर्म शुद्ध है परंतु जो अश्रद्धावान है, पापी है, नास्तिक है, संशयात्मा है और जो हेतुद्रष्टा (व्यर्थ के तर्कों में लगा हुआ) है-वह तीर्थफल का भागी नही हो सकता।

वास्तव में तीर्थों का अन्तरंग स्वरूप कल्पवृक्ष अथवा चिन्तामणि जैसे गुणों वाला होता है। अन्तर मात्र इतना है कि कल्पवृक्ष अथवा चिंतामणि, जहाँ नैतिक सुख-सुविधाओं से सम्बंधित आशा एवं अभिलाषा की पूर्ति करते हैं, वहीं तीर्थस्थल साधक की समस्त कामनाओं की पूर्ति करते हैं। तीर्थ मुक्ति भी देते हैं, युक्ति भी देते हैं और साथ ही भक्ति का अवलम्बन भी प्रदान करते हैं। वामन पुराण के अनुसार, 'सभी आश्रमों यथा-ब्रह्मचर्य, गृहस्थ, वानप्रस्थ एवं संन्यास के लोग तीर्थ में स्नान कर कुल की रक्षा करते है।'

काल प्रवाह के क्रूर चंगुल में फंसकर तथा इसके चलते होने वाले सांस्कृतिक प्रदूषण से भारत के तीर्थ स्थलों की जहाँ एक ओर पवित्रता नष्ट होती रही है वहीं इनकी दिव्यता एवं भव्यता में भी गिरावट आयी है। इसके अतिरिक्त आधुनिकता और झूठी शान के नाम पर तीर्थों का पर्यटन केन्द्र के रूप में इस्तेमाल होने लगा है। इससे इन तीर्थ स्थलों में जाकर लोगों के मन-मस्तिष्क में जहाँ पहले शांति एवं अध्यात्म की तरंगें हिलोरे लेने लगती थी वहीं अब इनकी दुर्दशा देखकर उनका मन क्लेश से भर उठता है।

भारतीय संस्कृति के विकास के लिए तीर्थस्थलों का विकास जरूरी है। तीर्थ के रखरखाव के अभाव में तीर्थ लुप्त होते जा रहे हैं। सरकारें अपना लोक-कल्याणकारी कार्य सम्पादित करने में घोर उपेक्षा बरत रही हैं तो वहाँ सक्रिय पंडे, पुजारी भी कम दोषी नहीं हैं। वे तीर्थ को अपनी दुकान और श्रद्धालु को अपना ग्राहक समझने लगे हैं। अफसोस कि वे पंडे समझ नहीं पा रहे हैं कि मर्यादा का रक्षण और पर्यावरण संरक्षण न किया गया तो लगातार सिकुड़ती श्रद्धा एक दिन लुप्त हो सकती है।

स्पष्ट है कि भारतीय परंपरा में तीर्थों का महत्व सदैव रहा है। भारतीय संस्कृति की रक्षा करने एवं भारत के लुप्त होते तीर्थों को पुनः स्थापित के

महत्वपूर्ण कार्य के लिए सरकार पर आश्रित नहीं रहा जा सकता। हम सभी को जागना पड़ेगा। तीर्थो को दुष्प्रभाव से बचाना भी जरूरी है। सरकार को उन्नत प्रौद्योगिकी का उपयोग इन तीर्थो विशेष रूप से पर्वतीय स्थानों के पर्यावरण को बचाने के लिए करना चाहिए। बढ़ती आबादी पर रोक, कंक्रीट के जंगल खड़े होने से पहले उन्हें रोकना, प्रदूषण रहित यातायात के साधनों के इस्तेमाल पर सर्वाधिक ध्यान दिया जाना चाहिए।

भारतीय संस्कृति में भ्रमण शिक्षा का एक महत्त्वपूर्ण अंग है। यह हमें व्यावहारिक ज्ञान प्रदान करता है। इससे हम बहुत कुछ सीखते हैं। भ्रमण के दौरान हम नये लोग और नई जगहों को देखते हैं। हम विभिन्न तरह के लोगों से मिलते हैं। भ्रमण हमारे जीवन में अहम भूमिका निभाता है। सच तो यह है कि भ्रमण के बिना हमारा जीवन सुस्त पड़ जाता है। हम सभी सदैव अपने दैनिक कार्यों में व्यस्त रहते हैं। ये दैनिक कार्यकलाप हमें सुस्त और जीवन को ऊबाउ बना देते हैं। इस ऊबाउपन में भ्रमण हमें नई शक्ति और साहस से भर देता है। यदि भ्रमण शैक्षणिक हो, तो वह हमें अतुलनीय आनन्द देता है। क्योंकि, शैक्षणिक भ्रमण हमें ज्ञान, अनुभव और मनोरंजन भी देता है।

सिंहावलोकन

व्यक्ति से समाज और समाज से राष्ट्र का निर्माण होता है। एक जिम्मेदार व्यक्ति के लिए समाज और राष्ट्र के प्रति भी जिम्मेदारी होती है। अगर इसका निर्वाह नहीं किया जाए तो उन्नत, सुसंस्कृत एवं आदर्श समाज या देश की कल्पना संभव नहीं है। एक अच्छे समाज का निर्माण करने के लिए मेरा मानना है कि अपने पारिवारिक दायित्वों के साथ देश और समाज के प्रति दायित्वों को निर्वाह भी पूरी ईमानदारी से करना चाहिए। एक समाज, समुदाय या देश के नागरिक होने के नाते कुछ दायित्वों का पालन व्यक्तिगत रूप से करना चाहिए। ये देश के नागरिकों के लिए आवश्यक है कि वो वास्तविक अर्थों में आत्मनिर्भर बनें। ये देश के विकास के लिए बहुत आवश्यक है, यह तभी संभव हो सकता है, जब देश में अनुशासित, समय के पाबंद, कर्तव्यपरायण और ईमानदार नागरिक हों। हमें जरूरतमंद लोगों की मदद करनी चाहिए। परिवार एवं आसपास के लोगों से मेलजोल और समन्वय के साथ रहना चाहिए। इससे परिवार और समाज में शांति, आपसी प्रेम और परस्पर विश्वास की रसधार बहेगी। यह तो सामाजिक नजरिया है।

आर्थिक और सांस्कृतिक जिम्मेदारी की बात करते हैं

हमारा देश प्रगति के पथ पर अग्रसर है। भारत विश्व की उभरती आर्थिक ताकत के रूप में उभर रहा है। यह देश के नए नजरिये, उदारवादी अर्थनीति, उद्यमशीलता के अलावा लोगों के समन्वित प्रयास व उत्साह का नतीजा है। भारत में विदेशी पूंजी निवेश बढ़ रहा है। देश इंफ्रास्ट्रक्चर और सेवा-सुविधाओं के मामले में आगे बढ़ रहा है। जरा सोचिए, यह सब से कुछ कहां से हो रहा है। यह देश के नागरिकों के टैक्स के पैसे से ही तो हो रहा है। कहते हैं कि भारत में बेशुमार कालाधन है। लोगों ने बिना टैक्स दिए

बेशुमार दौलत बना ली है। जरा सोचिए लोग सच्चे मन से अपना पूरा-पूरा टैक्स चुकाएं तो देश कहां से कहां चला जाएगा। और टैक्स देने में और मुट्ठी सख्त कर लें तो विकास के बदले देश अवनति की तरफ बढ़ जाएगा। टैक्स के ही पैसे से सड़कें बनती हैं। नहर निकाली जाती हैं। स्कूल-कालेज, अस्पताल बनते हैं। सड़क, मोहल्ले, कालोनी व बस्ती रात में बिजली से जगमगाती है।

मैं यह बताना चाहता हूं कि तमाम फर्ज की तरह हमारा देश के प्रति यह भी फर्ज है कि हम पूरी ईमानदारी से टैक्स दें। अपने परिवार के लोगों को बताएं कि उन्हें आयकर, उत्पादकर, सेवाकर, वाणिज्यकर आदि कर समय से अदा करें। टैक्स की चोरी नहीं करें। इसी पैसे से देश तरक्की करता है और करोड़ों लोगों को फायदा होता है।

आगे बढ़ने के लिए दायित्व समझना जरूरी

संसार में हर प्राणी अपने लक्ष्य की ओर बढ़ रहा है। सूर्य, चंद्र, सितारे सब अपने लक्ष्य की ओर बढ़ते रहते हैं। फिर हमें भी अपने जीवन में आगे बढ़ना चाहिए। हमें अपने दायित्व को समझना चाहिए। अपने राष्ट्र के प्रति भी हमारे कुछ दायित्व है। हमें सिर्फ अपने निजी उद्देश्य पूर्ति हेतु कार्य नहीं करने चाहिए। उससे बढ़कर भी हमें कुछ करना होगा। आज की युवा पीढ़ी निजी जीवन के प्रति चिंतित। वे अपना जीवन मौज-मस्ती व विलासितापूर्ण तरीके से जीना चाहती है। नौकरी भी वह इसी तरह की चाहती है। परिवार, समाज एवं देश के प्रति उदासीनता का भाव है। यह बेहद विषैला विचार है। कहावत सुनी होगी, **अपने लिए जिए तो क्या जिए।** अपना पेट तो हर जानवर पाल लेता है। फिर पशु और मानव में फर्क क्या? मानव वहीं है जो दूसरे का उपकार करे। दूसरों की सहायता करें। माता-पिता भगवान के दूसरे रूप होते हैं, उनकी सेवा करें। परिवार के बड़े सदस्यों को प्रेम व सम्मान दें और छोटे के प्रति स्नेह रखें। उनके लिए आर्थिक व मानसिक रूप से संबल बनने का प्रयास करें। जब एक परिवार व समाज आपस में अच्छे रिश्ते से गुंथा व जुड़ा रहेगा और तरक्की करेगा तो देश भी आगे बढ़ेगा। एक-दूसरे का पैर खींचना

शुरू करेगा तो पतन की तरफ बढ़ता चला जाएगा। इसका अंतिम पड़ाव विनाश है।

परिवार से आगे बढ़कर व्यापक फलक पर सोचें हमारे दायित्व क्या हैं? हमें देश के जिम्मेदार नागरिक के तौर पर क्या करना चाहिए? इसका जबाव खोजना कोई पहेली नहीं है। संविधान इस प्रश्न का जबाव देता है। संविधान के भाग चार में देश के नागरिकों के लिए कर्तव्य बताए गए हैं। इसमें बताया गया है कि हम **राष्ट्रीय ध्वज, राष्ट्र गान, राष्ट्रीय चिह्न** का सम्मान करें। राष्ट्रीय एकता-अखंडता की रक्षा के लिए हर संभव प्रयास करें। देश की तरक्की में अपना योगदान करें। राष्ट्रीय संपत्ति का नुकसान नहीं पहुंचाएं। यही नहीं, इसमें अभिभावकों को यह भी बताया गया है कि वह अपने 14 वर्ष से कम उम्र के बच्चों को कोई काम में न लगाएं, बल्कि उन्हें पढ़ाए-लिखाएं और योग्य बनाएं।

संसार के सभी प्राणियों में मनुष्य को सर्वश्रेष्ठ माना जाता है। मनुष्य में ईश्वर ने सोचने की शक्ति तथा सही गलत का निर्णय लेने की क्षमता प्रदान की है। मनुष्य अपने भविष्य के बारे में कल्पना कर सकता है, योजनाएं बना सकता है। इसलिए मनुष्य अपने जीवन में विभिन्न प्रकार की कल्पनाएं करता है। अपने लक्ष्य को प्राप्त करने के लिए सदा प्रयत्नशील रहता है। विभिन्न व्यक्तियों के अपने लक्ष्य होते हैं। लोगों को सदैव यह सोचना चाहिए कि वह किस तरह दूसरे के काम आ सकते हैं। उनका कर्म और योजना का अंतिम उद्देश्य जनकल्याण होना चाहिए।

मैं अपने वसुधा के लोगों का सहाय बनूं मझधार में। चाहे मुझको कुछ भी ना मिले, इस क्षणभंगुर संसार में।।

प्रत्येक व्यक्ति के जीवन में उसको अपने अलग-अलग दायित्वों का निर्वाह करना पड़ता है, परंतु कुछ दायित्व ऐसे होते हैं, जिन्हें हम अपने हित के लिए नहीं अपितु दूसरों के हित के लिए निभाते हैं। परिवार की बात करूं तो मेरी नजर में परिवार को खुशहाल रखने के लिए त्याग और सहयोग की भावना, ये ऐसे गुण हैं जो सदस्यों में आ जाएं तो परिवार मथुरा-वृंदावन यानि कि बेहद आदर्श बन जाएं। परिवार की तरक्की के लिए सदस्यों को आपस

में प्रतियोगिता नहीं करनी चाहिए बल्कि यह सोचना चाहिए कि अपने निजी स्वार्थ की बलि देकर दूसरे के लिए कितना ज्यादा काम आ सकूं।

जब हम सफल होते हैं, तो यह व्यक्तिगत ही नहीं सामाज और राष्ट्र की भी उपलब्धि होती है। फर्ज करिये कि देश के किसी खिलाड़ी ने ओलंपिक में सोना या चांदी मैडल जीत लिया तो यह केवल उस खिलाड़ी की उपलब्धि नहीं होती, पूरा समाज और देश उसपर गर्व करता है। गौरवान्वित होता है। हमारा फर्ज है कि कुछ ऐसा करें जिससे, समाज और देश दोनों गर्व करे। अपना निजी चाहत कुछ ऐसा बनाएं जो बड़े फलक पर बड़े समुदाय के हर्ष का कारण बने। जरूरी नहीं कोई राष्ट्रीय स्तर का ही कार्य करें। अपने गली-मोहल्ले के कुछ गरीब बच्चों को मुफ्त में पढ़ाकर भी हम राष्ट्र निर्माण में योगदान कर सकते हैं।

व्यक्ति अपना विकास समाज में रहकर ही कर सकता है। समाज से बाहर हम इसकी कल्पना नहीं कर सकते। एक नागरिक होने के नाते हमें अपने देश के संविधान में वर्णित राष्ट्रीय कर्तव्यों का अनुपालन पूरी निष्ठा से करना चाहिए। देश की एकता-अखंडता और संस्कृति की रक्षा सब करें।

एक ईमानदार और सच्चे व्यक्ति को हमेशा अपने परिवार, समाज और देश के प्रति दायित्व का अहसास होता है। इसके अलावा हमें अपने स्वयं के प्रति का दायित्व भी है। जैसे हमेशा अपने को फिट रखना, अपने मन-प्राण को हमेशा उल्लासित व उर्जावान बनाए रखना। तब ही दूसरे के प्रति जिम्मेदारी निभा पाएंगे।

संसार में जन्म लेने वाले प्रत्येक मनुष्य के दायित्व का निर्धारण निश्चित है। प्रत्येक व्यक्ति के जीवन में उसके दायित्व भी भिन्न-भिन्न होते हैं। उनके सफल क्रियान्वयन के बिना सफलता प्राप्त नहीं की जा सकती। व्यक्ति को हमेशा चिंतन करना चाहिए कि उसका स्वयं, समाज, देश व विश्व कल्याण के लिए क्या फर्ज है।

परिवार शक्ति और आंतरिक ऊर्जा का केंद्र है

परिवार से ही हमारे भीतर सद्‌गुणों का विकास होता है। व्यक्ति के विकास में उसके परिवार का बहुत बड़ा योगदान होता है। बच्चे पर प्रथम

प्रभाव परिवार के माहौल का ही पड़ता है। यदि पारिवारिक माहौल अच्छा है तो वह तेजी के साथ मानसिक रूप से सबल होने लगता है। उसकी बौद्धिक एवं आध्यात्मिक क्षमता में सकारात्मक परिवर्तन देखा जा सकता है। इसके विपरीत यदि परिवार का माहौल ठीक न हो तो बच्चा टूटने लगता है। उसका विकास अवरुद्ध होने लगता है। वह मानसिक एवं बौद्धिक रूप से कमजोर होने लगता है। उसके स्वभाव में नकारात्मकता आने लगती है। वह उद्विग्न रहने लगता है। कभी-कभी वह हिंसक भी हो जाता है। परिवार हमारी शक्ति और आंतरिक ऊर्जा का केंद्र है। इसके बल पर ही हम सामाजिक जीवन का सर्वोच्च प्राप्त कर सकते हैं। यह संस्कृति एवं जीवन मूल्यों की प्राथमिक पाठशाला भी है वात्सल्य, ममत्व, स्नेह, त्याग, विश्वास ये सभी परिवार के अधिष्ठान गुण हैं। जिस परिवार के सदस्यों के भीतर ये सब निहित हैं, निश्चित रूप से वह परिवार एक आदर्श परिवार का उदाहरण है। भारतीय संस्कृति एवं जीवन पद्धति में परिवार का विशेष महत्व है। इस सन्दर्भ में पुरखों की सीख भी यही है कि परिवार रूपी संस्था से ही राष्ट्र के उन्नयन का मार्ग प्रशस्त होता है।

/////जय श्री राम/////